Joachim Berger
Kreuzberger Wanderbuch

Joachim Berger

Kreuzberger Wanderbuch

Wege ins widerborstige Berlin

Mit Fotos von Christoph Lang

Goebel Verlag · Berlin

Graphische Gestaltung: Christoph Lang

Titelbild: „Kreuzberg Adalbertstraße", Hanefi Yeter.
Aus der Postkartenserie des Ararat Verlags.

Kartenausschnitte aus den Blättern 412 (1978), 413 (1983), 423 (1980) der Karten
von Berlin 1 : 10000. Vervielfältigt mit Erlaubnis des Senators für Bau- und
Wohnungswesen vom 7. Februar 1984.

Frauen-Selbsthilfe (Kap. 30): Grit Ott

ISBN 3-924591-01-6

Lektorat: Grit Ott
Gesamtherstellung: Druckerei Gerike, Berlin-Kreuzberg

Inhalt

Bildnachweis

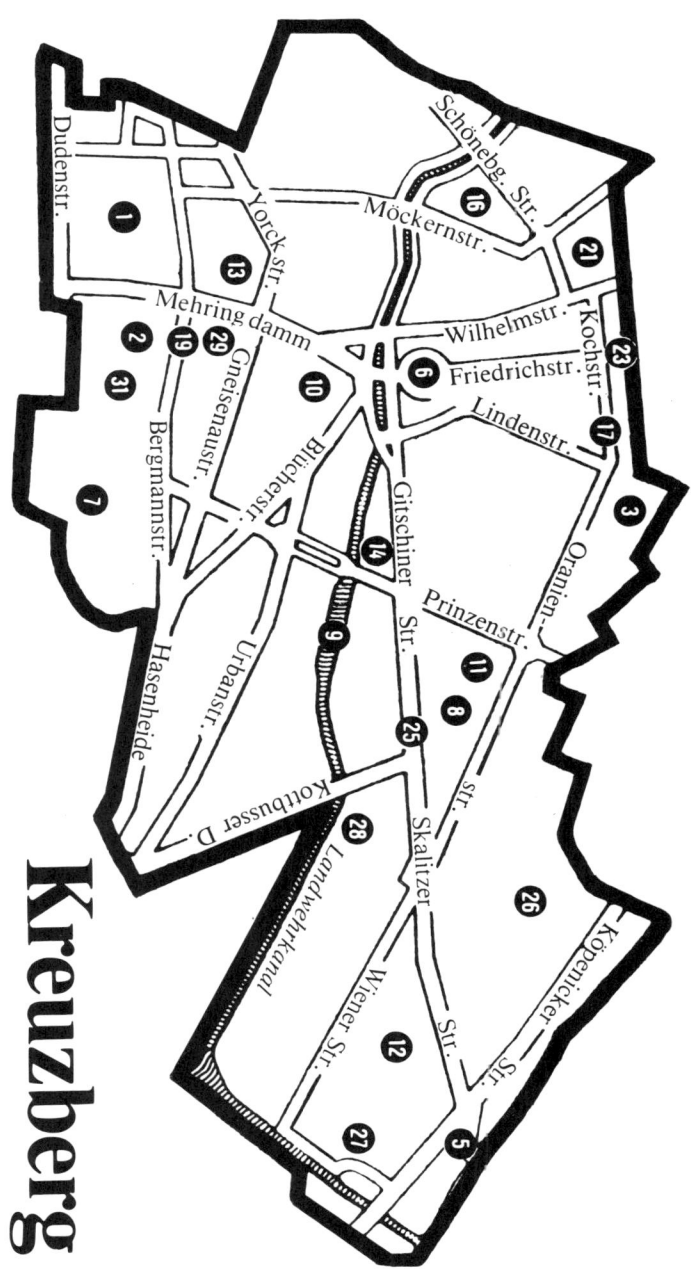

Kreuzberg

DETLEF

Werte Kreuzberg-Besucher . . .

Es mag ja ganz bequem sein in den weichen Polstern der Sightseeing-Busse. Und schön sind sie anzuschauen, die klassizistischen Fassaden am Chamissoplatz. Und wie aufregend, die Punks mit den grünen Haaren am Heinrichplatz – schnell ein Foto im Vorbeifahren. Aber reicht euch das? Kreuzberg ist anders!
Montmartre, Klein-Istanbul, Berlin-Harlem; die schnellen Vergleiche des Guide vorn aus dem Lautsprecher stimmen nicht. Wenn ihr diesen Kiez wirklich erleben wollt, seine Tage und seine legendär langen Nächte, dann drückt euch nicht länger die Nasen platt an den getönten Scheiben. Kommt raus aus euren rollenden Aquarien. Taucht unter im Menschenstrom am Mehringdamm, schwimmt euch frei in den Fluten des Landwehrkanals.

Wenn schon mal fahren, dann besser mit der Hochbahn. Geleitet vom herben Charme („Zurückbleiben!") der Zugabfertiger und hautnah mit echten Kreuzbergern, Panorama-Blick inbegriffen.
Gleisdreieck – nur wenige steigen hier aus; ist ja auch keine Wohngegend. Stillgelegte Gleise, Lagerschuppen, Schrottplätze, ein Paketpostamt.
Möckernbrücke – Schieben und Drängeln, Umsteigebahnhof nach Neukölln.
Hallesches Tor – rechts die Kirche zum Heiligen Kreuz, die Kreuzberger „Kathedrale". Wegen ihrer Kuppel. Daneben die alten Friedhöfe, wo verwilderte Katzen streunen und die Fabrikanten Carl v. Siemens und Ernst Schering gemeinsam mit Wilhelm Mühlenhaupt, Straßenfeger und Kammerjäger, begraben liegen.
Prinzenstraße – auf beiden Seiten Neubaublöcke, die am *Kottbusser Tor*

ihren architektonischen Höhepunkt erreichen. Mal bunt getüncht, mal ehrlich grau: Modell Wohnsilo. Mit Zentralheizung, Bad und dünnen Wänden. Zeugen der Kahlschlagsanierung der sechziger und frühen siebziger Jahre.

Görlitzer Bahnhof – benannt nach einem Bahnhof, den es längst nicht mehr gibt. Autowerkstätten, Speditionen, Kieslager und die Fatih-Moschee haben sich auf seinem Gelände angesiedelt; auch ein Kinderbauernhof als erster Schritt zu jenem Görlitzer Park, der von den Anwohnern seit langem gefordert wird.

Vorbei am „Lauseplatz", wo schon vormittags die Rotweinbombe kreist, zum *Schlesischen Tor*. Endstation, alles aussteigen. Die Mauer ist nah.

Schon eine Weile sitze ich hier oben und lasse mich von der Sonne bescheinen. 66 m hoch ist der Kreuzberg, der unserem Viertel den Namen gab, und von den Treppenstufen des gußeisernen Freiheitsdenkmals geht der Blick weit über die Dächer. Die schnurgerade Großbeerenstraße entlang in die alte Friedrichstadt hinein, wo einst Friedrich Wilhelm I. (1713-1740) seine Residenz Berlin beiderseits der heutigen Friedrichstraße ausbauen ließ.

Weiter wandert mein Blick in die östlich angrenzende Luisenstadt. Ursprünglich Cöllnische Vorstadt, bekam sie 1802 feierlich den Namen der Königin Luise verliehen. Auf Bitten der Bewohner, wie es heißt, die sich davon eine Aufwertung ihrer kärglichen Verhältnisse versprachen. Der Aufschwung kam siebzig Jahre später, als hier im Zuge der Industriellen Revolution Fabriken und straßenweise Mietskasernen entstanden. Und auch auf dem Acker- und Weideland der benachbarten Tempelhofer Vorstadt südlich des Landwehrkanals setzte im Boom der Gründerjahre eine rasche Bebauung ein.

In kurzer Zeit wuchsen südliche Friedrichstadt, Luisenstadt und Tempelhofer Vorstadt nun zu einem einzigen Dächermeer zusammen, bis sie 1920 auch verwaltungsmäßig vereinigt wurden. Ein neuer Stadtteil war geboren und nach kurzem Streit – einige Bezirksverordnete hatten „Hallesches Tor" gefordert – auf den Namen „Kreuzberg" getauft.

Kreuzberg ist mit 1037,5 ha der kleinste West-Berliner Bezirk, mit seinen 130 821 Einwohnern aber am dichtesten besiedelt. 12 615 Kreuzberger drängen sich auf 1 qkm (im feinen Zehlendorf nur 1190 Personen). Teilung und Mauerbau haben unseren Bezirk vom alten Stadtzentrum

12

abgeschnitten und ins wirtschaftliche Abseits gebracht. Betriebe mußten schließen, manch Angestellter oder Facharbeiter verzog mit seiner Familie in die Neubauten von Gropiusstadt und Märkischem Viertel. Nachgerückt in die billigen Altbauwohnungen mit Ofenheizung und Außenklo sind Türken, Griechen, Jugoslawen, Studenten, Künstler, Arbeitslose, Sozialhilfeempfänger.

Schon immer ist Kreuzberg vor allem ein Viertel der kleinen Leute gewesen.
Die Handwerker und Bauern der Cöllnischen Vorstadt außerhalb der schützenden Mauern galten nicht viel. Im Dreißigjährigen Krieg wurden ihre ärmlichen Hütten auf Befehl des Großen Kurfürsten einfach niedergebrannt (1641) – die Soldaten auf den Befestigungswällen brauchten freies Schußfeld gegen die heranrückenden Schweden. 1698 ließen sich französische Asylanten nieder, politisch und religiös verfolgte Hugenotten. Weber, Hutformer, Handschuhmacher, Seidenwirker; viele aus dem Fürstentum Orange, woran noch immer die Oranienstraße erinnert.
Im 19. Jahrhundert schließlich waren es landlose Habenichtse aus Schlesien, Pommern und Ostpreußen, die auf Arbeitssuche in die Luisenstädtischen Fabriken strömten; bald schon besitzloses Industrieproletariat geworden.

Schon immer hatten Unterschichten und Randgruppen ihre eigene Kultur. Eine besondere Lebenskunst, widrige Verhältnisse zu meistern. Und immer hat diese Kultur einen rebellischen Zug besessen, indem sie dem Druck der Oberen Widerstand von unten entgegensetzte: Mit der List eines Schwejk schmuggelten sich desertierende Soldaten in Frauenkleidern durchs Hallesche Tor. Lang aufgestaute Wut entlud sich in der Barrikadennacht vom 18. März 1848, als aufständische Handwerker und Arbeiter das Zeughaus in der Lindenstraße stürmten. Mit dem Mut derer, die nichts zu verlieren haben, besetzten Obdachlose 1872 die Felder vor dem Kottbusser Tor, um dort ihre „Freistadt Barackia" zu errichten.

Bis heute ist in Kreuzberg etwas Ureigenes erhalten geblieben. Eine Atmosphäre, mit Worten schwer zu fassen. Was macht ein Stadtviertel zum „Kiez"?
Vielleicht zuerst die Lebendigkeit seiner Straßen. Straßenleben, das wieselt und wimmelt, kocht und brodelt, gibt es nur in Vierteln, wo die Leute

nicht in ihren Wohnungen hocken. Mietskasernen sind ja auch kein bürgerlich trautes Heim zum Einigeln. Da geht man öfter auf die Straße, trifft sich an Ecken und Plätzen, die Kneipen stellen Tische vor die Tür. An den Kebabständen und Currywurstbuden wird nicht nur verkauft; wie auch in den verbliebenen Tante-Emma-Läden, wo die Fäden der Kiezöffentlichkeit zusammenlaufen und das Neueste zu erfahren ist. Man kennt sich, man schätzt sich – oder auch nicht, irgendwie fühlt man sich verbunden. Schon wegen der mehr oder weniger gleichen Probleme: Arbeit, Wohnung, Sanierung, Suff oder was sonst noch so anliegt. Es wird geflucht und gelitten, gelacht und gefeiert. In der Eckkneipe im kleinen Kreis oder auf einem der vielen Straßenfeste.

Längst sind die Alteingesessenen nicht mehr unter sich. Türken haben Einzug gehalten, haben nicht nur ihre Arbeitskraft mitgebracht, sondern auch ihre Lebensart. Aus dem Straßenbild nicht mehr wegzudenken, die üppigen Auslagen der Gemüsehändler, die Frauen mit ihren Kopftüchern tief in der Stirn, die lagernden Großfamilien auf dem Mariannenplatz. Und auch die eingewanderte „Scene" (ssßien) ist nicht zu übersehen. Studenten und ewige Studenten, Freaks, Punks, Wehrunwillige, Künstler und Lebenskünstler haben sich hier niedergelassen und die rebellische Tradition erneuert. In Stadtteilgruppen und Initiativen leistet man/frau Widerstand gegen die fortschreitende Kaputtsanierung. Der Kiez soll nicht sterben und von befrackten Spekulanten begraben werden. Instandhaltung statt Abriß, Instand(be)setzung statt aufwendiger Modernisierung. Kreuzberg soll leben . . . und seine Mieten soll jeder bezahlen können.

Mein Kreuzberger Wanderbuch – leichtfüßig und ohne Gepäck. Über Trampelpfade, Schleich- und Holzwege. Es führt zum Picknick auf einen mittelalterlichen Pestfriedhof, folgt den verwehten Spuren der Arbeiterbewegung, nähert sich den Folterkellern der Gestapo, verweilt ein wenig in Riehmers Hofgarten.

Wer sich auf den Weg macht, der wird noch vieles entdecken. Den Türkenmarkt am Maybachufer, das Tischlerkollektiv „Wilder Hammer", Lachmöwen und Kanalratten und nicht zuletzt Artur Märchen mit seinen Bänkelliedern.

„Unter dem Pflaster liegt der Strand", haben Studenten im unruhigen 1968 auf den Asphalt geschrieben. Hier und da ist es inzwischen gelungen, einige Steine beiseite zu schaffen. An diese freien Fleckchen Strand laßt uns gemeinsam segeln. Mehringhof, Kerngehäuse, Kinderbauernhof. Auf

verborgenen Inseln wollen wir vor Anker gehen, wo die Bewohner begonnen haben, ihre Phantasien in den weißen Sand zu pflanzen. Sprießende Träume von einem Leben in Selbstbestimmung und Wärme. „Hör mal, ob dein Herz schlägt."
Es tut gut, den Sand zwischen den Zehen zu spüren.

Der Kreuzberg im 19. Jahrhundert

Heinrich Hintze (1829) ▲
Adolph   Menzel (1847) ▼

1.

Weinlese am Kreuzberg

Viktoriapark

Mühsam mahlen die Räder im Sand. Der Kutscher treibt fluchend die Pferde an. Im prachtvollen Vierspänner, der sich da Meter um Meter den Tempelhofer Berg hinaufquält, sitzt kein Geringerer als Joachim I., Kurfürst von Brandenburg, nebst Gemahlin, Prinzen und Prinzessinnen. Zu beiden Seiten die vornehmsten Hofräte als berittene Eskorte. Es folgt die Dienerschaft, schwer keuchend unter der Last der Staatskasse in sieben eisenbeschlagenen Truhen.

Wir schreiben den 15. Juli anno domini 1524. Seine Kurfürstliche Hoheit ist in großer Eile, denn just für diesen Tag hat Carion, der Hofastronom, eine Sintflut prophezeit; die Schleusen des Himmels würden sich auftun. Endlich ist der Tempelhofer Berg erreicht. Unser Landesvater lehnt sich aufatmend in die Samtpolster zurück. Aus sicherer Höhe will er nun beobachten, wie seine Residenzstädte Berlin und Cölln mit Mann und Maus in den Wassern versinken. Da sind auch schon erste Wetterwolken aufgezogen, die schwarz und drohend näherkommen. Doch Stunde um Stunde vergeht, ohne daß auch nur ein Tropfen gefallen wäre.

Am Nachmittag wird der Kurfürst ungeduldig; er ist es nicht gewohnt, daß man ihn warten läßt. Mit der Geduld verliert sich auch seine Furcht, und so läßt er schließlich zur Rückkehr rüsten. „Ehe er aber aufs Schloß kommen, hat sich ein Wetter bewiesen, und wie er unter das Schloßtor kommen, hat's dem Churfürsten vier Pferde vor dem Wagen samt dem Knechte erschlagen", so die Worte von Peter Hafftiz, Berliner Rektor und Chronist im 16. Jh., der diese geschichtliche Anekdote als erster aufgezeichnet hat.

Nach einer anderen Überlieferung waren es nicht Blitzschläge, sondern aufgebrachte Untertanen, denen die Pferde samt Kutscher an jenem denkwürdigen Tage zum Opfer fielen.

Der historische Wahrheitsgehalt im einzelnen bleibt unklar. Festzustehen scheint jedoch, daß der Kurfürst im Volk recht unbeliebt war. Jedenfalls haben die Berliner diese etwas boshafte Geschichte so eifrig weitererzählt, daß sie sich in der Literatur bis heute gehalten hat.

Fest steht auch, daß es schon damals den Kreuzberg gegeben hat. „Tempelhofer Berg", „Runder Berg", „Goetzscher Weinberg" – kaum jemand kennt sie noch, die alten Namen. Und auch nicht die seiner Herren, so viele an der Zahl, wie sie wechselten mit den Jahren. Tempelritter kamen und gingen, Johanniter, die Kurfürsten von Brandenburg, preußische Könige, nicht zu vergessen der bürgerliche Weinmeister Goetze.

Oft schon mußte sich der Kreuzberg, ganze 66 m hoch, verspotten lassen, und doch ist er die höchste natürliche Erhebung weit und breit. Ein richtiger Berg, in der Eiszeit entstanden, und nicht aus aufgetürmtem Trümmerschutt wie andere „Klamottenberge" dieser Stadt.

Berlin weiß nicht mehr, was es seinem Kreuzberg schon so alles verdankt. Um das Jahr 1250, als ein Fischerdorf und Handelsplatz an der Spree zum markgräflichen Residenzort ausgebaut werden sollte, mangelte es an Baumaterial. In der feuchten Spreeniederung fand sich nur sumpfiger Sand. Da stieß ein Bauer zufällig auf Lehm, und zwar genau am westlichen Fuße des Kreuzbergs an der heutigen Katzbachstraße. Bald schon errichtete man nahebei, an der heutigen Methfesselstraße, eine Ziegelei. Karre um Karre wurde der Lehm nun abgefahren; Fachwerk mit Lehmfüllungen trat an die Stelle der Holzhütten. Bald wurden auch Ziegel geformt und gebrannt – das steinerne Berlin konnte allmählich entstehen.

Doch die wertvollste Gabe des Kreuzbergs: Sein Wein! Rote und gelbe Trauben reiften jahrhundertelang an seinen Hängen heran. Die Kreuzbergstraße trug einst den Namen „Weinmeisterweg", denn hier wohnten angestellte Weinmeister, denen die Pflege der Rebstöcke oblag. In ihrer Dienstverordnung von 1604 heißt es: „Die Weinmeister müssen, sobald die Trauben anfangen, reif zu werden, die Berge mit allem Fleiß hüten, daß kein Mensch noch Vieh hineinkommen und Schaden darin tun kann." Einen ewigen Kampf hatten sie mit Staren, Krähen und Spatzen zu führen. Jeder Weinmeister war alljährlich verpflichtet, beim Magistrat 15 Sper-

Blick vom Kreuzberg (1930)

lingsköpfe vorzuweisen, wobei jeder fehlende Kopf einen Dreier in die
Armenkasse kostete. Auch hatte er darauf „acht zu geben, daß keine
Weibspersonen mit der Haue arbeiten, da sie nichts gut machen."
Über die Güte der Kreuzberger Auslese waren die Weintrinker stets
uneins. Nicht nur einfacher Landwein soll hier gediehen sein, auch Malva-
sier, Muskateller und ein „fürtrefflich" schmeckender Tintenwein von
tiefdunkler Glut. Was die letztgenannten Sorten anbetrifft, so dürfte der
Chronist den Mund etwas zu voll genommen haben. Überliefert doch der
Volksmund: „Den mußte in de Strümpe jießen, der zieht de Löcher zu."
Es sei, wie es sei. Immerhin wurde unser heimischer Tropfen bis nach
Sachsen, Böhmen, Polen und Rußland exportiert.
Im 18. Jh. ist es mit dem Weinanbau dann zuende gegangen. Ein sehr kalter
Winter – Eis und Schnee lagen bis Mai – ließ die Rebstöcke erfrieren, und

neue setzte man nicht mehr ein. So richtig vermißt hat diesen Wein anscheinend niemand. Die kleinen Leute, denen er seit jeher zu teuer war, tranken in ihren Schenken Branntwein und billiges Braunbier. Bürgerliche Gasthäuser boten Berliner Weiße, und die vornehmen Weinstuben servierten mit Vorliebe Rhein, Mosel oder Burgunder. Voilà.

Zu guter Letzt, die militärische Bedeutung des Kreuzbergs. Die Schweden wußten ihn zu schätzen, als ihre Kanonen im Dreißigjährigen Krieg von hier oben Berlin bedrohten. An gleicher Stelle standen im Siebenjährigen Krieg (1756–63) die Geschütze der Russen und feuerten Eisenkugel um Eisenkugel in die belagerte Stadt.

Im Jahre 1813 waren alle Berliner zur Befestigung des Kreuzbergs aufgerufen, denn der in Rußland schon geschlagene Napoleon rückte noch einmal heran. Gräben wurden ausgehoben, Erdwälle aufgeworfen; Geschützstände, Pulvermagazine und Mannschaftsbaracken sollten entstehen. Selbst Berühmtheiten wie Professor Fichte, Bildhauer Schadow und Theaterdirektor Iffland griffen patriotisch zur Schaufel. Hauptmann v. Loos, der Leiter des Schanzenbaus, klagte jedoch über die Arbeitsmoral der Straßenjungen: „Wenn sie zur Schanzstelle kommen, so kommen sie zu spät. Und wenn sie arbeiten sollen, so machen sie Pause. Und kaum ist's 5 Uhr abends, so schreit einer dieser Lümmel irgendwo ‚Feierabend‘, und sofort läßt jeder Spaten, Hacke und Karren stehen und liegen, und in Scharen strömen sie – kein Rufen und kein Drohen hilft dagegen – hinab zur Stadt." So konnte die Befestigungsanlage nicht planmäßig fertiggestellt werden. Was sich dann allerdings als nicht so tragisch herausstellte; denn die Franzosen wurden schon weit vor den Toren Berlins bei Großbeeren und Dennewitz zurückgeschlagen. Das gußeiserne Nationaldenkmal, dessen Kreuz dem Berg seinen heutigen Namen gab, erinnert daran.

Übrigens: Die Tradition des Kreuzberger Weinanbaus ist neu aufgelebt. Am Fuße des Nordhanges an der Methfesselstraße reifen wieder einige Reben. In der Bezirksgärtnerei. Aus der alljährlichen Ernte, etwa 12 Zentner Trauben, werden immerhin 400 Flaschen Weißwein gekeltert. Zuwenig zwar für den Handel, aber doch genug, um im Rathaus bei besonderen Anlässen als „Kreuz-Neroberger" kredenzt zu werden.

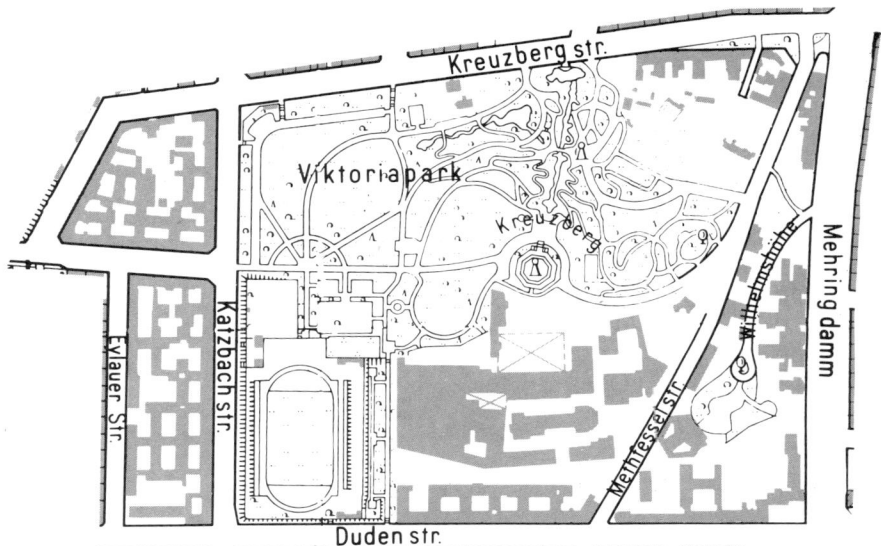

Viktoriapark

Der Kreuzberg war einst ein ziemlich kahler Sandberg, bis Gartenbaudirektor Mächtig 1888 – 94 einen Park anlegte. Benannt ist dieser nach Ihrer Kaiserlichen Hoheit Viktoria, Gemahlin Friedrichs III.

Tosend stürzt sich ein künstlicher Wasserfall zu Tal; in Sommernächten illuminiert, im Winter abgestellt.

Nationaldenkmal

Seit 1821 ragt es auf dem Gipfel des Kreuzbergs. Errichtet nach einem Entwurf von Baumeister Schinkel nicht aus Bronze, sondern preußisch-sparsam aus Gußeisen. „Der König dem Volke, das auf seinen Ruf hochherzig Gut und Blut dem Vaterlande darbrachte . . ." Zum Gedenken an die Befreiungskriege (1813 – 15) gegen Napoleon. Jede der 12 kapellenartigen Nischen verherrlicht eine siegreiche Schlacht.

Patriotische Straßennamen

Viele Straßen in der Umgebung des Kreuzbergs erinnern an die Befreiungskriege. Sie tragen die Namen von Schlachtorten (Großbeeren, Katzbach, Hagelberg, Möckern, Eylau, Wartenburg), Generälen (Yorck, Blücher, Horn, Nostitz, Gneisenau) und patriotischen Dichtern (Methfessel, Arndt, Willibald-Alexis, Schenkendorf).

Kreuzberg-Gemälde, *Kreuzbergstraße 29*

Vier Wandmalereien im Hauseingang zeigen historische Kreuzberg-Motive aus dem Jahre 1888: Villen am Fuße des Kreuzbergs, die alte Pferdebahn, promenierende Sommerfrischler, ein Hochrad.

21

Wilhelmshöhe

Eine untergegangene Villenkolonie am Osthang des Kreuzbergs. Erbaut 1871, wohnten hier Fabrikanten, Garde-Offiziere und andere feine Leute. „Privatstraße. Eingang verboten!" Ein Gittertor sperrte die Zufahrt von der Belle Alliance Straße (heute: Mehringdamm). Zwanzig Villen mit Gärten, Springbrunnen, Terrassen, Freitreppenanlagen – nur zwei haben die Kriegswirren überstanden.

Schultheiß-Brauerei, *Methfesselstraße 28*

Die ursprüngliche Tivoli-Brauerei wurde 1891 von Schultheiß übernommen. Um die Jahrhundertwende entstand auch das rote Backsteingebäude mit Rundturm und Zinnen im Stil eines altmärkischen Festungsbaus
Bis 1981 wurde das Bier in Kreuzberg noch mit Pferd und Wagen ausgefahren.

Kaiserstein

Der Name des Restaurants „Kaiserstein", Mehringdamm 80, geht auf einen alten steinernen Findling zurück. An dieser Stelle pflegte Kaiser Wilhelm I. auf dem Weg zur jährlichen Truppenparade am Tempelhofer Feld (heute: Flughafen Tempelhof) seine Kutsche zu verlassen und ein Pferd zu besteigen. Besagter Stein diente ihm stets als Hilfe beim Aufsitzen.

SPD-Parteizentrale, *Katzbachstraße 9*

Mit Aufhebung des Sozialistengesetzes wieder legal geworden, eröffnete die Sozialdemokratische Partei im ersten Stockwerk ihre Zentrale (1890 – 95). August Bebel, Ignaz Auer, Paul Singer und andere Vorstandsmitglieder gingen hier aus und ein.
Später Verlegung in die Lindenstraße.(→ S. 126).

Kleine Galerie am Kreuzberg, *Dudenstraße 22, Tel. 786 51 86*

1973 von den Gebrüdern Tode eröffnet, mauserte sich der kleine Trödelladen zu einem Buch- und Kunstantiquariat. In den hinteren Stübchen entstand eine Galerie mit gemütlicher Tee- und Schnack-Atmosphäre.
Ein verstecktes Refugium für Kunstliebhaber und Bücherwürmer.

Eylau'5, *Eylauer Straße 5, Tel. 786 30 24*

Galerie + Foto-Atelier. Ausstellungen, Lesungen, Konzerte.
„Die Deutsche Gesellschaft zur Förderung der Kultur (DGFK e. V.) wendet sich an alle Interessierten der Bereiche Bildung und Politik, Wissenschaft und Technik, Wirtschaft und Handel, Film und Foto, Malerei, Literatur und Musik."

In der Kleinen Galerie am Kreuzberg, Dudenstraße ▶

Düsterer Keller —
einst (Ölgemälde von Adolph Menzel, 1847) und jetzt

2.
„Dusterer Keller"

Arndtstraße – Nostitzstraße

Der Kreuzberg steht nicht allein, sondern ist Teil einer langen Hügelkette, die sich von Schöneberg bis zur Neuköllner Hasenheide hinüberzieht. Doch man muß schon genau hinsehen, um die vielen Hebungen und Senken im Häusermeer noch zu erkennen. Dort, wo Arndtstraße und Nostitzstraße zusammenstoßen, lag einst der „Dustere Keller". Eine kurze, aber tiefe Schlucht, in der Eiszeit von wilden Gletscherwassern ausgewaschen, mit eigentümlicher Geschichte.

Die ersten Bewohner zwischen Havel und Spree, so viel scheint historisch gesichert, waren Jäger und Ackerbauer vom slawischen Stamm der Semmonen. Nach altem Brauch übergaben sie die Verstorbenen dem Feuer und setzten ihre Asche in Urnen bei. Oftmals im Dusteren Keller, wie zahlreiche Urnenfunde belegen.
Das frühe Mittelalter gehörte den Wenden, bis sie im „Wendenkreuzzug" (1157) unterworfen und mit Waffengewalt zum christlichen Glauben bekehrt wurden. Doch noch einige Zeit hielten die Wenden heimlich an ihren alten Göttern fest. Wie die Sage überliefert, auch in dieser verborgenen Schlucht, wo sie dem dreiköpfigen Triglaff blutige Opfer dargebracht haben sollen.
Im 14. Jh. machten Tempelritter und Johanniter die gesamte Hügelkette zu Weinbergen. Entsprechend trug die heutige Bergmannstraße einst den Namen „Weinbergsweg". Im kühlen Grunde der Schlucht bot sich ein idealer Ort zur Anlage eines Weinkellers. Manch guter Tropfen wurde hier gekeltert und in großen Holzfässern aufbewahrt. Als der Weinanbau allmählich zurückging, wurde ein Wildkeller daraus. Brandenburgische Kurfürsten lagerten nun Hasen, Rehe und Fasane, die sie auf ihren Hofjagden in der nahegelegenen Hasenheide zur Strecke gebracht hatten.

25

Im 18. Jh. verwilderte die Schlucht mehr und mehr. Knorrige Bäume waren emporgewachsen mit dichtem Unterholz. Ein bedrohlicher, einsamer Ort, den gute Bürger ängstlich mieden; denn allerlei lichtscheues Gesindel trieb sich herum, fahrendes Volk, entlaufene Soldaten, Wegelagerer.

Da soll auch ein kauziger Einsiedler gewesen sein, der in einer Erdhöhle hauste. Zum Leben brauchte er nur wenig. Mal ging ihm ein Hase in die Schlinge, mal nährte er sich von wilden Kräutern. Es war zu jener Zeit, als Friedrich Wilhelm I. Preußen mit harter Hand regierte. Eines Tages, so eine historische Anekdote, erschien dieser mit großem Gefolge vor besagter Einsiedelei, um den Nichtstuer zur Rede zu stellen. Gemächlich kam der alte, bärtige Mann aus seiner Behausung und blinzelte in die Sonne. Was war zu tun? Zum Glück fielen ihm rasch einige Psalmenworte ein. Der gottesfürchtige König soll so überrascht gewesen sein, daß er einen silbernen Gulden aus der Tasche zog und dem Einsiedler hinwarf. „Das Geldstück ist mir zu groß", entgegnete jener frei nach Diogenes, „ich nehme nur Kupfer." Sprach's und verschwand in seiner Höhle.

Fast hundert Jahre waren ins Land gegangen, als der Dustere Keller am 14. Nov. 1810 zum Verschwörertreff wurde. Patriotisch gesinnte Männer versammelten sich um Karl Friedrich Friesen und den Turnvater Jahn, um in feierlichem Schwur den „Deutschen Bund" zu gründen. „An einem Herbstabend stand ein Kreis von Männern unter hohen Bäumen in abgelegener Gegend bei Berlin . . .", beschrieb ein Teilnehmer die konspirative Szenerie. Napoleon wollten sie aus dem Land vertreiben und nicht eher ruhen, bis ein einiges und freies Deutschland geschaffen wäre. Die Franzosenherrschaft brach schon bald zusammen, Einheit und Freiheit aber ließen noch lange auf sich warten.

Um 1875 schließlich, als Berlin sich im industriellen Aufschwung der Gründerjahre ausdehnte, war für den Dusteren Keller das Ende gekommen. Die Hügel wurden abgeflacht und bebaut, die tiefe Schlucht zugeschüttet. Nur ihr seltsamer Name lebte noch eine Weile fort – im Kreuzberger Volksmund und auf einem Wirtshausschild an der Bergmannstraße.

Wie der Name einmal entstanden ist, weiß niemand mehr sicher zu sagen. Wahrscheinlich geht er auf den früheren Wein- und Wildkeller zurück, vielleicht auch auf das ständige Dämmerlicht unter dem dichten Blätterdach der Bäume.

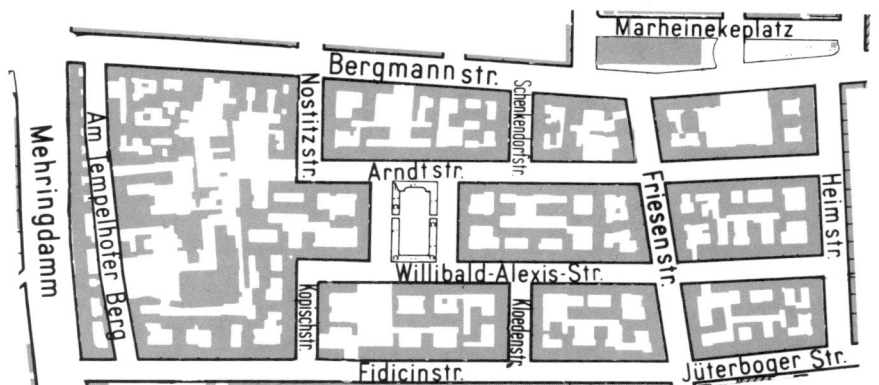

Fest steht jedoch: Die alte Schlucht hat es wirklich gegeben. Wer mit offenen Augen die Nostitzstraße hinaufgeht, wird an ihrer Einmündung in die Arndtstraße noch eine kleine Senke im Straßenpflaster erkennen.

Alarmkanonenberg, *Mehringdamm / Ecke Fidicinstraße*
An dieser Stelle, vor den Toren der Stadt, stand im 18. Jh. eine feuerbereite Kanone. War ein Soldat aus der Kgl. Garnison desertiert (→ S. 36), gab ein Böllerschuß Alarm.

Kaiserin-Augusta-Kaserne, *Friesenstraße 15 – 16*
Erbaut 1895 – 97 als Unterkunft des Kaiserin-Augusta-Garde-Grenadierregiments Nr. 4. Nach 1920 Unterkunft der berittenen Polizei. Heute: Polizeikaserne, Kraftverkehrsamt.

Ehem. Wasserturm, *Kopischstraße 7*
Diente seit 1888 als Hebe- und Verteilungswerk für das Wasser der Tempelhofer Vorstadt. Der Selbsthilfe-Verein Wasserturm e. V. verwandelt ihn in ein kiezeigenes Jugend-, Kultur- und Kommunikationszentrum. Veranstaltungsräume, Cafe.

Passionskirche, *Marheinekeplatz*
1905 – 07 in romanischen Formen mit offenem Glockenstuhl errichtet.

Marheineke-Markthalle, *Marheinekeplatz (→ S. 135)*

Lorenz-Gefängnis, *Schenkendorfstraße 8 (→ S. 134)*

Trödel & Antiquitäten, *Bergmannstraße und Umgebung*
„Gelegenheiten", „An- und Verkauf", „Second Hand" – von billigem Krimskrams bis zu gehobenen Raritäten.

Chamissoplatz *(→ S. 135)*

27

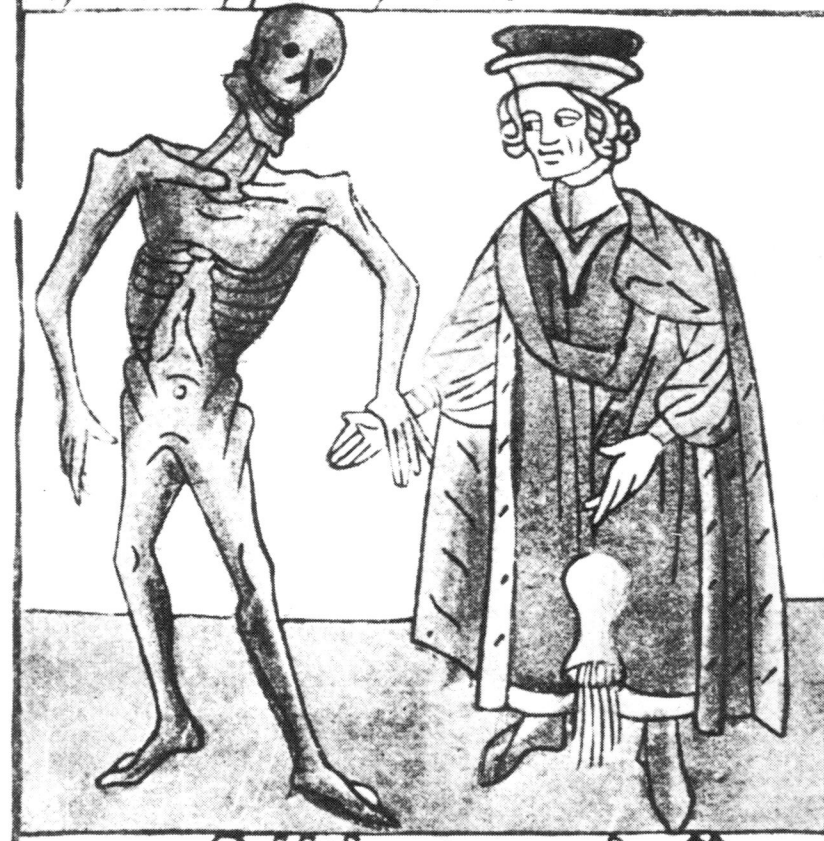

Her arczt thut euch selbir rat .
thr ewir meysterlichen tat .
Jch füre euch czu des todis gesellen .
Dy mit euch hie tanczen wellen .

Jch habe myt meynem harnschbawen
Gesund gemacht man vnd frawen
Aber wil nu machen mich gesund
Hett hyn czu deme tode wund

Totentanz – Tod und Arzt (um 1465)

3.

Der Schwarze Tod

Waldeckpark

Ein schöner, kleiner Park wie viele andere auch, wird man auf den ersten
Blick sagen. Gelb blühender Löwenzahn im kurz gehaltenen Rasen,
Pappeln, Ahorn, Kastanien, gepflegte Rosenbeete, einladende Bänke, ein
Kinderspielplatz mit Sandkiste und Rutsche, ein steinerner Politiker auf
hohem Sockel. Doch dann sehe ich da an einer Weggabelung im
Gesträuch plötzlich einen Grabstein. Die verwitterte Schrift ist noch zu
lesen: Ernst Ferdinand Ayrer, Koenigl. Preuss. Stallmeister, gestorben
1832.
Wie kommt ein Grab hierher? Die Frage ließ mir keine Ruhe, doch niemand im Waldeckpark konnte sie mir beantworten. Eine alte Chronik
war es schließlich, die nach langem Suchen das Geheimnis dieser Stätte
preisgegeben hat.

1347, 1467, 1576, 1584, 1598, 1611, 1613, 1630, 1637, 1639 – das waren
Schreckensjahre für Berlin. Der Schwarze Tod ging durch die Straßen und
raffte die Menschen dahin. Männer und Frauen, Kinder und Greise.
Kleine schwarze Flecken erschienen auf der Haut, eiternde Geschwülste
sodann, die das Volk „Pestbeulen" nannte. Schlund und Zunge wurden
schwarz und wie von Blut unterlaufen, kein Wasser löschte mehr den
brennenden Durst.
Wer noch nicht befallen war, sann auf Rettung. Die einen verließen ihre
Häuser und flohen in panischer Angst in die Fremde, andere suchten ihr
Heil in Frömmigkeit; Geißler und Kreuzträger zogen büßend durch die
Stadt. Wieder andere flüchteten sich in trotzige Lebenslust. Jeder Tag
zählte, und jede Nacht wurde in den Wirtshäusern durchgezecht. Das war
ein Fressen und Saufen, Singen, Tanzen und Huren. Und jeden Morgen

gingen vermummte Leichenträger durch die Gassen und schafften von den Türschwellen die Verstorbenen fort.

Die Ärzte standen der Pestilenz machtlos gegenüber. Aderlässe und Abführungen versagten, wie auch das Einschneiden und Ausbrennen der Geschwülste. Die Ursache der Seuche wähnte man astrologisch in ungünstigen Sternkonstellationen, die auf der Erde giftige Dämpfe erzeugten. Riesige Feuer sollten entzündet werden, um die verdorbene Luft zu reinigen. Der Berliner Stadtphysikus Fleck mahnte in seiner Pestschrift (1566) zu Sauberkeit an Nase, Mund und Zähnen und empfahl dem Leser diverse Mundwässer, Zahnpulver und Zahnstocher. Mit diesem Rat war er seinen Berufskollegen weit voraus, hatte er doch als eigentliche Krankheitsursache die mangelnde Hygiene erkannt.

Im mittelalterlichen Berlin war man es gewohnt, Abfälle einfach auf den Hof oder die noch unbefestigten Straßen zu werfen. Ratten fanden reichlich Nahrung und schleppten Bakterien von Haus zu Haus. Fäkalien verseuchten das Trinkwasser, und mit der Körperpflege nahm man es bekanntlich nicht so genau.

Immer wenn die Pest im alten Berlin auftauchte, wurden als erstes die Wachen an den Stadttoren verstärkt. Kranke und Verdächtige erhielten keinen Einlaß.

Täglich wuchs die Zahl der Häuser mit einem weißen Kreuz an der Tür. Niemand durfte mehr seinen Fuß über die kalkweiße Schwelle setzen. Ganze Straßen waren in den Jahren 1576, 1584 und 1598 mit eisernen Ketten abgesperrt. Stadtknechte hielten Wache und ließen niemand an sich vorbei, versorgten aber die Eingeschlossenen mit dem Notwendigsten. Auch wurden außerhalb der Stadtmauer gesonderte Pesthäuser errichtet. Hospitäler, aus denen nur wenige lebend wieder herauskamen. Eigens dazu geweihte Pestprediger sprachen die letzten Trostworte.

Eines dieser Pesthäuser lag an der „Totengasse", vom Volksmund so genannt, weil sie geradewegs zum Pestfriedhof führte. Oftmals sollen sich in jener Gasse die Verstorbenen gehäuft haben, der Sensenmann arbeitete schneller als die Totengräber. Nur flüchtig wurden auf dem Friedhof die Gräber ausgehoben, und schief standen die einfachen Holzkreuze auf den Grabhügeln.

Als im Laufe der Jahrhunderte die Heilkunst der Ärzte und die allgemeine

Das Grab im Waldeckpark

Hygiene besser wurden, verschwand der Schwarze Tod aus Berlin und ist bis auf den heutigen Tag nicht zurückgekehrt.

Das Pesthaus wurde in ein Armenhaus verwandelt, der alte Pestfriedhof zum Armenfriedhof der Cöllnischen Vorstadt, später zum gewöhnlichen Kirchhof der St. Petrigemeinde.

Und nun erstreckt sich über allem der Waldeckpark. Ein schöner, kleiner Park wie viele andere auch, so wird man auf den ersten Blick sagen.

Waldeckpark

Benannt nach Benedikt Franz Leo Waldeck (1802 – 70). In der 48er Revolution linksliberaler Abgeordneter der preußischen Nationalversammlung, später Volksvertreter im preußischen Landtag und Vorsitzender der Deutschen Fortschrittspartei. Marmordenkmal (1889).

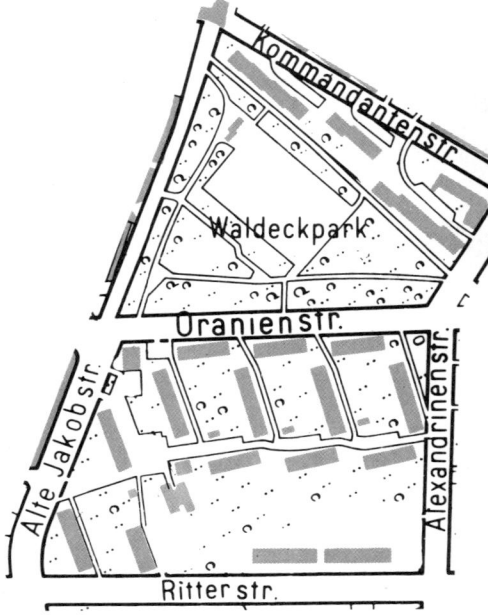

Paul Lincke *(1866 – 1946), Oranienstraße 64*

▸ Wohnung, Gedenktafel, Denkmal.
Der Kapellmeister und Komponist („Frau Luna", „Berliner Luft") war Kreuzberg besonders verbunden: Erste Anstellung als Fagottist im Central-Theater, Alte Jakobstraße, Engagements im Parodie-Theater am Moritzplatz, Dirigent des Apollo-Theaters, Friedrichstraße. Seine Popularität in den dreißiger Jahren kommentierte er: „Ich bin der einzige Lin(c)ke, der im Dritten Reich noch Rechte hat."

Bundesdruckerei, *Oranienstraße 91 (→ S. 121)*

Ehem. Reichsschuldenverwaltung, *Oranienstraße 106 – 109*
Erbaut 1919 – 24 in rotem Backstein mit Relief-Ornamenten. Heute Lagerhaus der stadteigenen BEHALA (Berliner Hafen- und Lagerhaus-Betriebe).

Otto-Suhr-Siedlung, *nördlich der Oranienstraße*
Auf geräumtem Trümmergelände im Rahmen des 1. Wiederaufbauprogramms angelegt (1956 – 63) und mit dem Charme sozialen Wohnungsbaus versehen. Südlich anschließend die Springsiedlung (1959 – 65).

St. Jakobi-Kirche, *Oranienstraße 132 – 134*
1844/45 im Stil einer altchristlichen Basilika errichtet (Baumeister August Stüler): Frei stehender Glockenturm, dreiseitig von Säulenhallen umschlossenes Atrium, Apostel Jakobus in Sandstein. Ein Hauch von altem Süden im Neubauviertel.

St. Jakobi, Oranienstraße ▶

▲ *Hallesches Tor (1820)*
▼ *Das südliche Berlin (1757)*

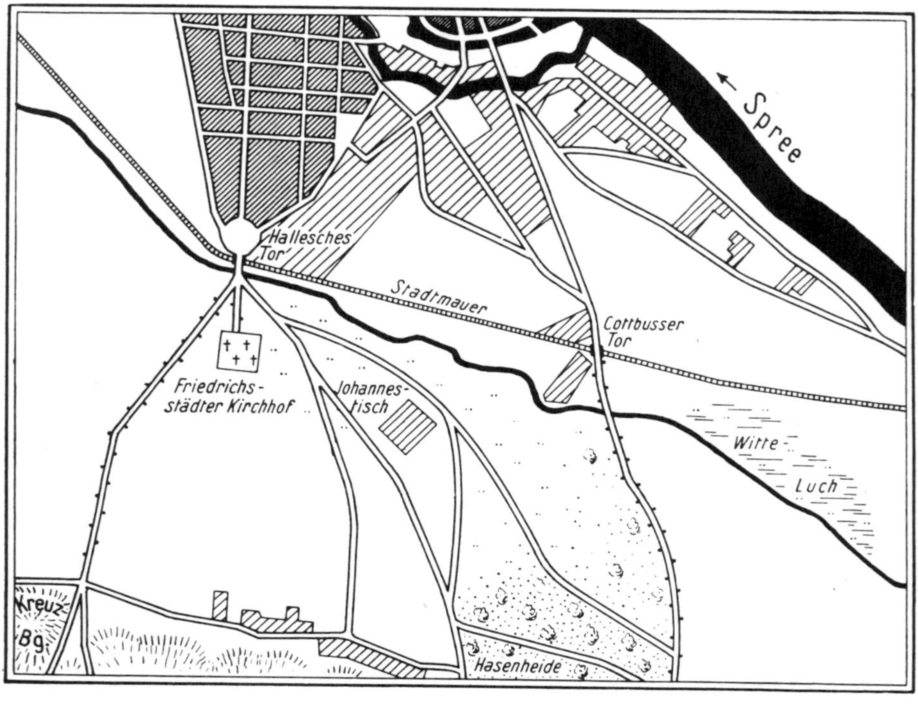

4.

Die alte Stadtmauer

Hallesches Tor – Kottbusser Tor – Schlesisches Tor

Berlin war einmal von einer Stadtmauer umgeben, und im Südosten verlief sie dort, wo heute Kreuzberg ist: Stresemannstraße, Gitschiner Straße, Skalitzer Straße. Hallesches Tor, Kottbusser Tor, Schlesisches Tor – die Namen der U-Bahnhöfe stammen von den alten Stadttoren, die einst an jenen Orten standen. Fast schon vergessen das Köpenicker Tor am Lausitzer Platz, das Anhalter Tor am Askanischen Platz nahe dem Anhalter Bahnhof und das Wassertor am Wassertorplatz.

Man schrieb das Jahr 1734. Längst waren die Festungswälle aus der Zeit des Großen Kurfürsten für das wachsende Berlin zu eng geworden. Da ließ der „Soldatenkönig" Friedrich Wilhelm I. eine Mauer errichten, die auch das entstehende Kreuzberg – die Häuser von südlicher Friedrichstadt und Cöllnischer Vorstadt – einschloß. 10 Fuß hoch (3,14 m), die einzelnen Pfeiler durch ziegelsteinerne Flachbögen verbunden, ähnelte sie jedoch weniger einem Festungswall als einer einfachen Gartenmauer. Nicht Verteidigungszwecken sollte sie in erster Linie dienen, sondern der Zoll- und Personenkontrolle; vor allem, um einquartierte Soldaten am Fortlaufen zu hindern.

Tagein und tagaus, am Halleschen Tor auf der Landstraße nach Sachsen herrscht Hochbetrieb. Gelbe Postkutschen aus Halle oder Leipzig, Fuhrwerke schwerbeladen, einzelne Reiter, Wanderer mit staubigen Schuhen, viel fahrendes Volk – ein ständiges Kommen und Gehen. Die Wachtposten halten die Augen offen, kein Fremder darf ohne Paß die Stadt betreten. „Wie heißt Er? Woher kommt Er? Was will Er hier? Wie lange will Er bleiben?" Sorgfältig bringt der Torschreiber alles zu Papier. „Hat er was zu

verzollen? Kaffee, Tee, Tabak, Schokolade, Spielkarten, Kattun?" Mißtrauisch mustern die Akzisebeamten jeden Neuankömmling. Mit ihrem
Visitiereisen, einer spitzen Eisenstange, stechen sie in die Heuwagen der
Bauern. Wehe, wenn sich da einer verborgen hält!
Soeben soll aus Tempelhof eine Schafherde in die Stadt getrieben werden.
Für jedes Tier ist eine Schlachtsteuer zu entrichten, und so gilt es, genau zu
zählen. Zu diesem Zweck werden die hölzernen Torflügel geschlossen;
nur eine kleine Klappe bleibt geöffnet, und Schaf um Schaf drängt sich hinter dem Leithammel hindurch („Hammelsprung").
Die Mahl- und Schlachtsteuer war den Berlinern besonders lästig. Nur 6
Pfund Korn, Mehl und Fleisch durften sie aus den umliegenden Dörfern
zollfrei mit nach Hause nehmen. Aber man wußte sich zu helfen. Wer die
Steuer umgehen wollte, mußte eben öfter gehen. Oder die ganze Familie
samt Vettern und Basen unternahm eine Landpartie, wobei auf dem Rück-
weg dann jeder seine sechs zollfreien Pfund in Händen hielt – zum Ärger
der zuschauenden Akzisebeamten.

Schon mancher preußische Soldat hat die Stadtmauer verflucht, denn
weniger gegen äußere Feinde war sie gerichtet als gegen Deserteure von
innen. Und nicht nur die Torwachen paßten auf. Alle 20 Schritt entlang
der Mauer standen zusätzliche Posten vor ihren Schilderhäuschen. Gärtner und Fuhrleute, die in Mauernähe wohnten, mußten gemäß einer
königlichen Verordnung von 1803 ihre Leitern des Nachts unter Ver-
schluß halten.
Viele Soldaten waren keineswegs freiwillig zu Preußens Fahnen geeilt.
Werber hatten sie betrunken gemacht und in Uniform gepreßt, bei kärg-
lichem Sold. Für die vorgeschriebene Disziplin sorgte gegebenenfalls der
Korporalsstock. Da blieb nur Flucht.
In Tagesbefehlen an die Hallesche Torwache ist nachzulesen, auf welch
listenreiche Weise sich Deserteure aus dem Staub zu machen pflegten:
„Die Wachen an den Landwehren geben wohl acht auf den Bauern-
wagens, daß sich auf selbigen kein Soldat schleicht, der keinen Paß hat"
(6. 1. 1751). „Wenn Handwerksbursche oder gemeine Leut aus denen
Landwehren gehen und ungefähr die Größe oder ungefähr etwas vom
Soldatenwesen an sich haben, soll der Gefreite einen solchen examinieren,
wo er hin will, was vor Profession er hat, und wenn was Verdächtiges
gefunden wird, so sollen sie angehalten werden" (28. 1. 1752). „Die Unter-
offiziers auf denen Wachten, nebst den Gefreiten und Schildergästen

36

Kottbusser Tor (1807)   *Aquarell L. L. Müller*

müssen sehr genau Acht geben auf die großen Frauenzimmer, damit sich kein Soldat verkleidet herausschleicht" (11. 3. 1783).

War nachträglich eine Flucht bemerkt, so galoppierte ein Reiter zum Tempelhofer Berg hinauf, wo eine feuerbereite Kanone stand (heute: Mehringdamm, Ecke Fidicinstraße). Ihr Böllerschuß gab Alarm. War der Flüchtige eingefangen, hieß es für ihn Spießrutenlaufen. Dazu wurden die Kameraden seines Regiments in zwei langen Reihen aufgestellt, jeder mit einer Rute in der Hand. Dann mußte der arme Teufel mit nacktem Oberkörper durch die enge Gasse hindurch, und wer nicht kräftig genug auf ihn einschlug, dem drohten selber Prügel. So war das damals bei Preußens.

1868 wurde die schon brüchig gewordene Stadtmauer abgerissen, der

König brauchte sie nicht mehr. Die Mahl- und Schlachtsteuer kassierten die Beamten an weiter auswärts errichteten Steuerhäuschen (→ S. 183), und die ehemals privat einquartierten Soldaten waren zur besseren Kontrolle inzwischen kaserniert. Ungehindert konnte das Berlin der Industriellen Revolution nun expandieren. Und nichts hinderte Luisenstadt und südliche Friedrichstadt mehr daran, mit der Tempelhofer Vorstadt zum heutigen Bezirk Kreuzberg zusammenzuwachsen.

Hallesches Tor, *Mehringplatz (→ S. 49)*
In der Schlichtheit seiner Konstruktion (1734) einem märkischen Gutstor nicht unähnlich: zwei Steinpfosten mit hölzernen Flügeltüren. Links und rechts ein Torhäuschen für die Wachen. Die Hallesche Torbrücke, Ausgangspunkt der alten Handelsstraße nach Halle, trägt seit ihrem Neuaufbau (1947) den Namen Mehringbrücke.

Kottbusser Tor
Erbaut 1735. Heute „Neues Kreuzberger Zentrum" (→ S. 169).

Schlesisches Tor
Erbaut 1735. Ausgangspunkt für die Fuhrwerke in Richtung Schlesien (Schlesische Straße).

Anhalter Tor, *Askanischer Platz*
Als der Bau des Anhalter Bahnhofs (→ S. 111) einen neuen Verkehrsstrom entstehen ließ, durchbrach man nachträglich die Stadtmauer für ein zusätzliches Tor (1840).

Köpenicker Tor, *Lausitzer Platz*
Ebenfalls nachträglich eingebaut (1847), als die ursprünglichen Stadttore dem zunehmenden Verkehr nicht mehr genügten.

Wassertor, *Wassertorplatz*
An dieser Stelle durchquerte der Luisenstädtische Kanal (→ S. 57) die Stadtmauer. Ein Wassertor in Form eines Eisengitters (1849) sperrte nötigenfalls die Durchfahrt.

▲ *Anhalter Tor (1855)*
▼ *Ehem. Zollhaus am Schlesischen Tor (um 1895)*

Gemälde A. Streckfuß

Oberbaumbrücke – 1750 und 1925

5.
Ein Baumstamm sperrte die Spree

Oberbaumbrücke

Seltsam sieht sie schon aus, die Oberbaumbrücke, mit ihren Wehrgängen, Schießscharten, Türmen und Zinnen. 1895/96 aus rotem Backstein erbaut, ist sie einer mittelalterlichen Ritterburg nachempfunden. Mit ihren 160 Metern überspannt sie als längste Berliner Brücke die Spree. Zweistöckig flutete hier einmal der Verkehr zwischen Kreuzberg und Friedrichshain: Autos, Straßenbahnen, Fahrräder und über allem die Hochbahn. Nur Fußgänger sind übriggeblieben. Die Spree bildet jetzt die Sektorengrenze, und die Oberbaumbrücke ist Grenzübergang geworden.

Ihr eigenartiger Name führt ins 18. Jh. zurück, als an dieser Stelle eine Holzbrücke stand; auf mächtigen Pfählen, tief ins Flußbett hineingerammt. In der Mitte klaffte für den Schiffsverkehr ein breiter Zwischenraum, über den eine Klappvorrichtung führte. Abend für Abend wurde hier ein riesiger Baumstamm ins Wasser geschoben, um die Durchfahrt bis Sonnenaufgang zu sperren. Kein Schiff sollte sich unverzollt im Schutze der Dunkelheit einschmuggeln.

Wenn die Spree bei Spandau in die Havel mündet, dann hat sie einiges hinter sich. In der Oberlausitz entsprungen, durchfließt sie an Cottbus vorbei den Spreewald und nimmt in Berlin die Dahme, Wuhle und Panke in sich auf.

An der Berliner Entwicklung vom Marktflecken zur Metropole trägt sie gewichtigen Anteil. Schon vor Jahr und Tag wurden lebenswichtige Nahrungsmittel, Baumaterialien und Brennstoffe auf ihren gemächlichen Fluten herangeschifft. Rahekähne mit großem Segel brachten Getreide,

Obst, Dörrfleisch, Räucherfisch, Bauholz, Sand, Kalk, Kohle, Torf. Und das meiste mußte verzollt werden.
Zwei Zollstellen kontrollierten den Zugang zur Stadt. Die eine an der unteren Spree in Tiergarten („Unterbaum") für Schiffe stromaufwärts aus Potsdam oder Spandau. Die andere lag an der oberen Spree („Oberbaum"), eben dort, wo unsere Oberbaumbrücke steht und mit ihrem Namen daran erinnern will.

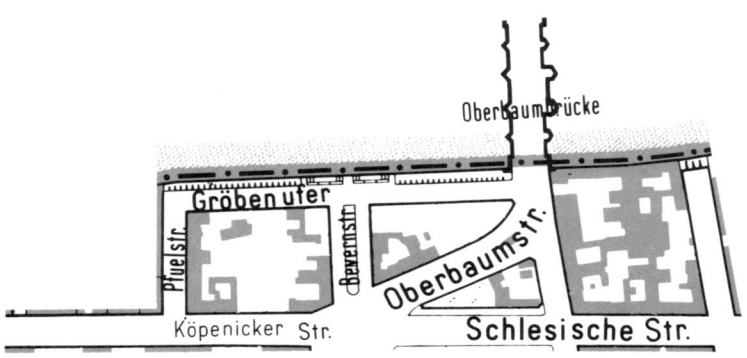

Oberbaumbrücke
Auch heute eine Kontrollstelle: Grenzübergang nach Ost-Berlin (nur für West-Berliner).

Spree
*„Achtung Lebensgefahr! Wasserstraße gehört zum Ostsektor von Berlin." Die Feierabend-Angler am Gröbenufer lassen sich nicht stören beim Angeln von „Ostfischen".
Zwei Gedenkkreuze und ein Stein („Dem unbekannten Flüchtling") stehen für gescheiterte Fluchtversuche.*

Alt-Berliner Bedürfnisanstalten, *Bevernstraße*
Grüngestrichen, gußeisern und großzügig ornamentiert. Ein achteckiges Pissoir („Cafe Achteck") und ein rechteckiges Toilettenhäuschen, das auch frauliche Bedürfnisse berücksichtigt – was selten genug vorkam.

Kreuzberger Tonwerkstatt, *Köpenicker Straße 145, Tel. 618 20 40*
In einer Fabriketage im 3. Hinterhof stellen sechs Tonwerkerinnen Gebrauchsgeschirr her, funktional und formschön zugleich; auf Wunsch auch Einzelstücke / Sonderanfertigungen. Keramikkurse.

42

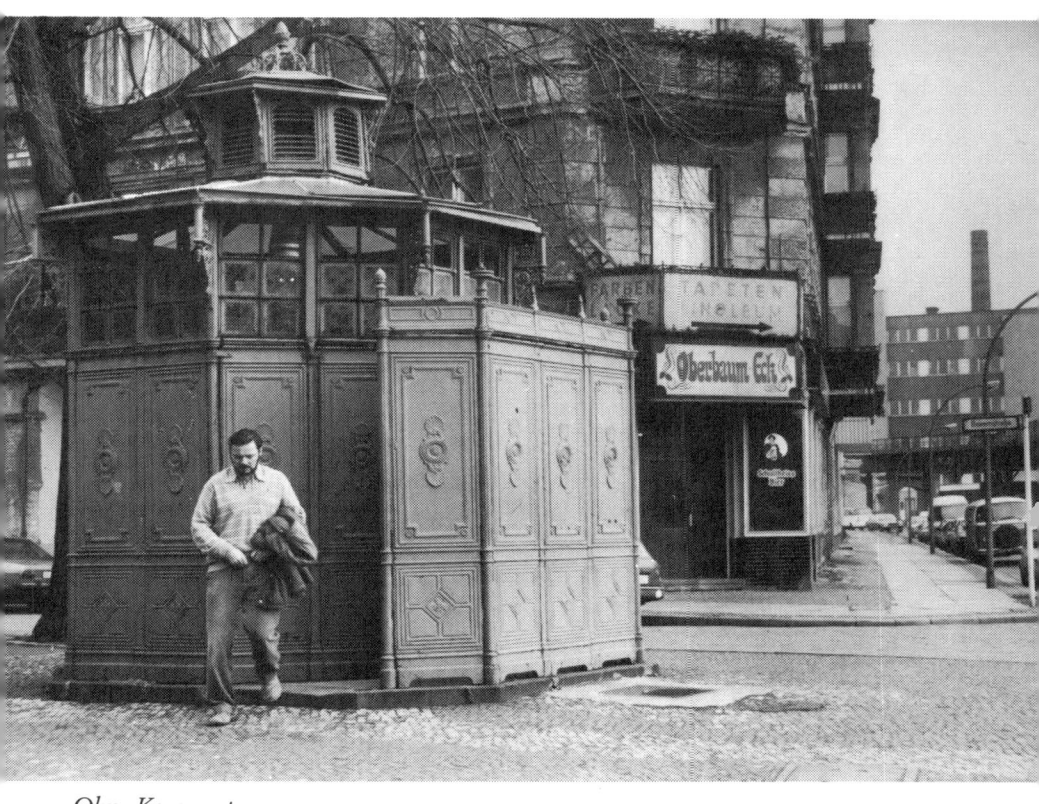

Ohne Kommentar . . .

Pollstudio, *Köpenicker Straße 194, Tel. 261 70 91*
Eine Hinterhof-Galerie, zwischen den unregelmäßig stattfindenden Ausstellungen als
Atelier genutzt.

Stadtteil-Treff
Ausstellungs- und Veranstaltungsräume im U-Bahnhof Schlesisches Tor, Tel. 611 80 36

Holzschnitt nach einer Zeichnung von J. Kirchhoff

6.
Nacht der Barrikaden – 18. März 1848

Lindenstraße

Hoch vom Turm der Jerusalemer Kirche an der Lindenstraße läuten die Sturmglocken. Die ganze Stadt ist in Aufruhr. Überall Barrikaden. Das Straßenpflaster aufgerissen, Fuhrwerke und Droschken umgestürzt, Balken, Bretter, Brunnengehäuse. „Es kamen Trupps Menschen der verschiedensten Stände, fast nur erst mit Werkzeugen versehen, und brachen die Bohlen der Rinnsteine aus, trugen Schilderhäuser fort, z.b. mein Hauswirth, ein Maurermeister, gab gleich seinen Geräteschuppen zu Barrikaden preiß", wird später der Maler Adolph Menzel schreiben. Ein Baumeister in der Puttkamerstraße zieht fachmännisch eine Mauer hoch. Spitziges Eisen wird in den Boden getrieben, um die Kavallerieregimenter aufzuhalten.

Auch den jungen Theodor Fontane hält es nicht in seiner Stube. Mit einem Karabiner ohne Kugeln irrt er durch die Straßen und sieht „die Dächer abgedeckt, die Dachziegel neben dem Sparrenwerk aufgehäuft und auf dem Sparrenwerk selbst allerlei Leute, die vorhatten, von oben einen Steinhagel herunterzuschicken." Hinter den Barrikaden Bürger, Arbeiter, Studenten; einige nur mit Knüppeln, Säbeln, Piken oder Beilen bewaffnet. Da werden Waffenläden gestürmt und die Flinten herausgeholt. Mit einer Pistole hat sich der Mediziner Rudolf Virchow in der Friedrichstraße verschanzt. Die Mitglieder der Schützengilde sind mit ihren eigenen Büchsen in Stellung gegangen. Frauen und Kinder gießen Kugeln über offenen Feuern und bringen Essen herbei. Gespannt wartet alles auf den Angriff der Soldaten.

Wir schreiben den 18. März 1848. Schon die letzten Wochen sind unruhig gewesen, wie ein Lauffeuer ist die Nachricht von der französischen Februar-Revolution durch die deutschen Lande gegangen. In Baden und Wien ist es bereits zu Aufständen gekommen, und auch im preußischen Berlin wollen viele die absolute Herrschaft des Königs nicht länger ertragen. In der Tivoli-Brauerei am Kreuzberg haben hitzige Versammlungen stattgefunden. Pressefreiheit, Versammlungsfreiheit, Vereinigungsfreiheit, Bürgerbewaffnung, ein frei gewählter Landtag, liberale Ministerien – immer lauter wurden diese Forderungen erhoben. Und heute mittag ist das Pulverfaß explodiert, als Grenadiere vor dem königlichen Schloß auf versammelte Bürger geschossen haben. In Panik und Wut ist das Volk auseinandergestoben. „Zu den Waffen, auf die Barrikaden", ging bald der Ruf durch alle Straßen, und er wurde gehört.

Nach ersten Zusammenstößen im Stadtzentrum rund um das Schloß breiteten sich die Kämpfe gegen Abend bis in einige Randbezirke aus. An den Barrikaden immer wieder das gleiche Bild: Erst vorbereitendes Kartätschenfeuer aus den Kanonenrohren, dann langsam vorrückende Infanteristen mit Helm, Tornister und Bandelier. Von den Verteidigern wurden sie mit einem Steinhagel und vereinzelten Schüssen empfangen. Frauen gossen siedendes Wasser aus den Fenstern.

Während in der Innenstadt das Militär allmählich die Oberhand gewann, dominierten in Kreuzberg die Aufständischen.
Als erstes wurden am Halleschen, Kottbusser und Anhalter Tor die Wachen vertrieben und die Stadttore besetzt. Danach ging die Menge gegen die Kasernen in der Lindenstraße vor. Voran der Drechslergeselle Gustav Hesse in blauer Arbeitsjacke und mit einer 3-4 Fuß langen Eisenstange in der Hand.
Unweit vom Belle-Alliance-Platz (heute: Mehringplatz) lag das Zeughaus der Landwehr. Ein Waffenarsenal, um das die ganze Nacht erbittert gekämpft wurde. Gegen 20 Uhr war eine wohl zweitausendköpfige Demonstration herangezogen und hatte die Herausgabe der Gewehre gefordert. Als Major v. Schleinitz, Kommandeur der Wachmannschaft, ablehnte, griffen Demonstranten mit Steinwürfen an. Die Garde-Kürassiere, hinter Fensterhöhlen verschanzt, antworteten mit ihren Karabinern. Tödlich getroffen, stürzten einige Bürger zu Boden, die anderen wichen in die Dunkelheit zurück. Gegen 23 Uhr erfolgte der zweite Angriff, dies-

mal unterstützt von einigen Bürgerschützen. Unter ihrem Feuerschutz gelang es, die Türen aufzubrechen. Doch erst die dritte Angriffswelle Stunden später brachte den Erfolg, die Verteidiger hatten sich heimlich aus dem Staube gemacht. Hunderte von Gewehren wurden gefunden und in aller Eile verteilt.

Auch die benachbarten Kasernen von Garde-Kürassierregiment und Lehr-Esquadron konnten in dieser Nacht erobert werden. Lindenstraße, Ecke Ritterstraße stürmten Bürger das militärische Arresthaus und ließen die Gefangenen frei.

Als der Morgen heraufdämmerte, flauten die Kämpfe ab. Gespannte Ruhe lag über den Straßen. Graf Schlieffen, Kommandeur des 2. Garderegiments, schildert die Stimmung in der Luisenstadt: „Die Erbitterung war allgemein und in den unteren Klassen wohl bis zur Wut gesteigert, so daß die Truppen bei ihrem weiteren Vordringen unfehlbar immer größere Schwierigkeiten gefunden haben würden."

In dieser Situation entschloß sich der König, einzulenken. Seine verhaßten Soldaten würden Berlin verlassen und den Schutz der öffentlichen Ordnung einer aufzustellenden Bürgerwehr übergeben. Pressefreiheit, Vereinigungs- und Versammlungsrecht, ein liberales Ministerium unter Graf Arnim, freie Landtagswahlen – die meisten Forderungen der Aufständischen sollten in Erfüllung gehen. Wenn auch nur für einen Sommer . . .

Wohl wenige unter den feiernden Bürgern haben an diesem Tage das baldige Ende der Revolution vorhergesehen. Schon im November würde General Wrangel auf Geheiß des Königs mit seinen Truppen nach Berlin zurückkehren und den Ausnahmezustand über die Stadt verhängen.

Südliche Friedrichstadt
Die Reste brachliegenden Trümmergeländes werden nun unter Federführung der IBA (Internationale Bauausstellung) beseitigt, wobei die Details der Flächennutzung – Grünanlagen oder Bebauung, Gemeinschaftseinrichtungen oder Wohnungen, kommunaler Wohnungsbau oder private Spekulation – strittig sind.

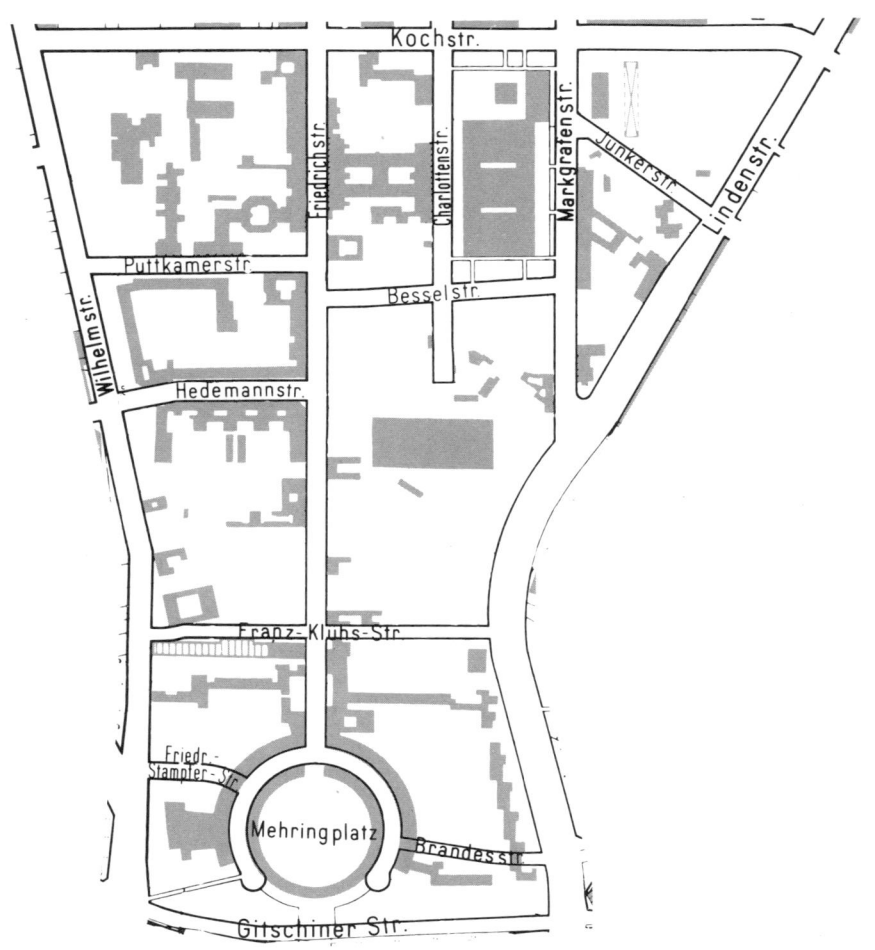

Friedrichstraße

Nur wenige Gebäude (Nr. 17, 31, 209, 210) lassen den alten Glanz dieser Straße als Geschäfts- und Flanierboulevard mit Kaufhauspalästen, Bürohäusern, Bierhallen, Weinstuben, Cafés, Varieté-Theatern erahnen. Das Apollo-Theater unter Leitung von Paul Lincke (→S.31) trug die Hausnummer 218.

Auf der östlichen Straßenseite („Filmviertel") befanden sich 1929 nicht weniger als 250 Unternehmen der Filmindustrie.

Nur der Blumengroßmarkt, Friedrichstraße 18, hat seinen alten Platz behalten, wenn auch in neuen Baulichkeiten.

48

Verlagshaus Springer, *Kochstraße 50 (→S.121)*

Mehringplatz
1734 unter Friedrich Wilhelm I. („Soldatenkönig") als Exerzierplatz angelegt: „Rondell",
später „Belle-Alliance-Platz".
Die Neubauten (Architekt Hans Scharoun) und die veränderte Straßenführung –
Lindenstraße und Wilhelmstraße münden nicht mehr ein – haben den tradionellen Cha-
rakter des Platzes zerstört. Geblieben ist nur die Friedenssäule (1843), gekrönt von der
bronzenen Viktoria mit Palmenzweig und Siegeskranz; zum Gedenken an den preußisch-
englischen Sieg über Napoleon bei Belle-Alliance (1815).

Galerie Franz Mehring, *Mehringplatz 7, Tel. 25 88 25 06*
Als Galerie des Kunstamts Kreuzberg fördert sie vorrangig junge, unbekannte Künstler,
die bei kommerziellen Privatgalerien nur schwer Ausstellungsmöglichkeiten erhalten.

Tommy-Weissbecker-Haus, *Wilhelmstraße 9*
Selbstverwaltetes Wohnkollektiv ehem. Trebegänger, in seiner Geschichte ähnlich dem
Georg-v.-Rauch-Haus (→S.175).
Benannt nach Thomas Weissbecker, der bei einer Fahndungsaktion nach Mitgliedern der
„Bewegung 2. Juni" erschossen wurde (1971).

Europäisches Patentamt, *Gitschiner Straße 103*
Erbaut 1903-05 als „Kaiserliches Patentamt", 1918 in „Reichspatentamt" umbenannt.

Berlin-Museum, *Lindenstraße 14, Tel. 251 40 15*
Ursprünglich Königliches Kammergericht (Baumeister Philipp Gerlach, 1734).
Museum für Berliner Stadtgeschichte: Gemälde, Graphik, Kunstgewerbe.

Ehem. Victoria-Versicherung, *Lindenstraße 20-25*
Ein Verwaltungsgebäude in üppigen Barockformen. Erbaut 1902 – 1904.

▲ Erbbegräbnis, Luisenstädtischer Friedhof
▼ Aus dem Skizzenbuch

Adolph Menzel, Selbstbildnis (1876)

7.

Adolph Menzel

Friedhöfe Bergmannstraße

C. F. Altekopf, Arbeiter, 28 J., Oranienstraße 116 / F. Flügge, Tischlermeister, 37 J., Alte Jakobstraße 102 / C. A. Fährmann, Malerlehrling, 20 J., Kochstraße 41 / L. W. Frank, Buchhalter, 26 J., Kochstraße 58 / F. W. Günther, Briefträger, 46 J., Lindenstraße 125 / J. W. Heuscher, Maschinenbaumeister, 39 J., Friedrichstraße 24 / G. W. Heine, Dr. phil., 28 J., Kochstraße 58 / C. Knikenberg, Tischlergeselle, 32 J., Stallschreiberstraße 9 / J. F. Löffler, Schneidermeister, 53 J., Friedrichstraße 198 / H. Rosenfeld, Hausfrau, 50 J., Friedrichstraße 167 / C. Siebert, Schmiedegeselle, 28 J., Kochstraße 52.

Diese Kreuzberger wurden gemeinsam mit 172 anderen Opfern der Barrikadennacht vom 18. März 1848 feierlich im Friedrichshain bestattet. „Ich habe den Trauerzug nacheinander von verschiedenen Orten aus beobachtet und namentlich auch lange dem Schloß gegenüber. Auf dem Balkon standen ein Adjudant mit einer Trauerfahne, ihm gegenüber ein Bürgeroffizier mit einer schwarz-rot-gelben Fahne und noch 2-3 Herren, die nicht zu erkennen waren. Sooft nun ein neuer Zug Särge vorbeikam, trat der König barhaupt heraus und blieb stehen, bis die Särge vorüber waren. Sein Kopf leuchtete von Ferne wie ein weißer Flecken. Es mag wohl der fürchterlichste Tag seines Lebens gewesen sein."
In der Menge drängte sich auch ein kleines Männchen mit Skizzenblock und Bleistift. Nur 1 Meter 40 groß, mußte es sich schon ziemlich recken. Adolph Menzel war ein scharfer Beobachter, und neben seiner Schilderung hat er auch ein Gemälde jenes Trauerzuges hinterlassen. „Aufbahrung der Märzgefallenen" lautet sein Titel, und es zeigt die Trauerfeier vor dem Dom am Gendarmenmarkt.

Doch hat er dieses Bild nicht vollendet, vielleicht aus Enttäuschung über die innere Zerstrittenheit und das baldige Scheitern der Revolution.

Adolph Menzel, 1815 in Breslau geboren, hat viele Jahre in Kreuzberg gelebt. Wilhelmstraße, Zimmerstraße, Schöneberger Straße, am längsten in der Ritterstraße 43. „Das Schlafzimmer des Künstlers" zeigt einen schmalen, schlicht eingerichteten Raum: Sekretär, Bett, Bücherregal, an der Wand ein paar Bilder. Auch den Blick aus seinem Fenster, „Hinterhäuser im Schnee", hat er mit Pinsel und Farbe festgehalten.
Menzel liebte es, wachen Auges durch die Stadt zu wandern. „In seinen Röcken war auf der linken Seite unten eine besonders große Tasche angebracht, in der ein Lederetui gerade Platz hatte, das ein Blockbuch, ein paar Estampen und Radiergummi barg", beobachtete ein Zeitgenosse. Nicht so sehr die allseits bekannten Berlin-Motive konnten ihn verlocken, als vielmehr Unscheinbares wie die Vorstadtlandschaft „Bauplatz mit Weiden" am Hafenplatz oder die noch wenig berührte Natur am Schafgraben (heute: Landwehrkanal). Auch auf den Kreuzberg ist er gern gestiegen, und als ihn dort eines Tages ein Gewitter überraschte, hat er es rasch skizziert und später im Atelier auf Leinwand übertragen: Dunkle Wolken in drohend fahlem Licht, während die ersten Windstöße schon die Pappeln zausen.

Menzels liebstes Motiv jedoch waren seine Mitmenschen. „Maurer auf einem Neubau" zum Beispiel, oder „Kopf eines bärtigen Arbeiters mit Mütze". Der Palaisgarten des Prinzen Albrecht erschien ihm zu unlebendig, und so fügte er seinem Gemälde eine Gruppe Bauarbeiter hinzu, im Schatten der Bäume ausruhend.
Anders als sein Berufskollege Zille, zeichnete Menzel nicht nur die kleinen Leute. Ein „Bourgeois mit Zigarre" fläzt sich in den Lehnsessel, andere schreiten gewichtig mit Gehstock und Zylinder einher. Bankier, Dandy, Landjunker: Beim „Salonkonzert" sehen wir die bessere Gesellschaft seiner Zeit feierlich versammelt.
Sogar bei Hofe fand er schließlich Zutritt, und ist doch nie zum devoten Hofmaler geworden. „Ballsouper": Im schmucken Festsaal unter Kronleuchtern eine vornehme Ballgesellschaft. Kristallspiegel, Dékolletés seidenbauschiger Damen, Paare drehen sich im Tanz. Eine Gruppe hoher Offiziere labt sich am üppigen Buffet. Besonders auffällig – und das hat sich unser Maler nicht entgehen lassen – ein General. Den Hut zwischen

die Knie geklemmt, in der linken Hand Teller, Messer und Weinglas zugleich, stopft er mit der rechten vornübergebeugt in sich hinein. Wohl bekomm's!

Am 9. Februar 1905 ist Adolph Menzel, neunzigjährig, gestorben. Über sein Begräbnis auf dem Dreifaltigkeitsfriedhof notierte ein Teilnehmer: „Der Zug war groß und prunkhaft. Eine Anzahl Gesandte und Botschafter waren erschienen, der Kaiser hatte einen schönen Kranz gespendet..."
Heute breitet eine Linde ihre Zweige über Menzels Grab. Seine Bronzebüste auf marmornem Sockel fixiert den Besucher mit scharfem Blick, so wie es der Maler zu Lebzeiten stets zu tun pflegte.

Luisenstädtische Kirche, Friedrichwerdersche Kirche, Neue Kirche, Jerusalemer Gemeinde, Dreifaltigkeitsgemeinde – fünf Friedhöfe entstanden im 19. Jh. an den sanften Hügeln ehemaliger Weinberge (→ S. 18).
Neben gewöhnlich Sterblichen liegt eine stattliche Anzahl Maler, Dichter, Philosophen, Theologen, Juristen, Fabrikanten, Offiziere und Politiker des alten Berlin hier begraben.

1. August Kopisch *(1799-1853)*
Maler, Dichter („Die Heinzelmännchen von Köln"), Schloßkonservator.

2. Adolph Menzel *(1815-1905)*
Maler und Zeichner.

3. Ludwig Tieck *(1773-1853)*
Dichter der Romantik. Fast vergessen sein Künstlerroman „Franz Sternbalds Wanderungen", ein Malerpoet vagabundiert durch die Welt.

4. Charlotte v. Kalb *(1761-1843)*
Dichterin. In ihren guten Tagen mit Schiller, Hölderlin, Jean Paul befreundet; im Alter verarmt und erblindet. (Abt. B-HA-14)
„Ich war auch ein Mensch, sagt der Staub.
Ich bin auch ein Geist, sagt das All".

5. Friedrich Schleiermacher *(1768-1834)*
Philosoph und Theologe.
Streitschrift: „Über die Religion. Reden an die Gebildeten unter ihren Verächtern".

6. Theodor Mommsen *(1817-1903)*
Historiker („Römische Geschichte"). Als Sympathisant der 48er Revolution zeitweilig aus seiner Professur entlassen, später Landtags- und Reichstagsabgeordneter (Fortschrittspartei, Nationalliberale).

7. Johann Georg Halske *(1814-90)*
Gründete 1847 gemeinsam mit Werner Siemens die „Telegraphen-Bauanstalt Siemens & Halske", den späteren Siemenskonzern (→S.81).

8. Johann Friedrich Dieffenbach *(1794-1847)*
Berühmtester Berliner Chirurg seiner Zeit; verstarb inmitten einer Operation, der Patient wurde gerettet.

9. Carl Ernst Fidicin *(1802-83)*
Stadtarchivar. „Was du erforschet, hast du miterlebt." (Abt. II-18-2)

10. Gustav Stresemann *(1878-1929)*
Reichskanzler, Außenminister. Friedensnobelpreis 1926.

11. August Scherl *(1849-1921)*
Neben Ullstein und Mosse der große Berliner Zeitungsverleger: „Berliner Lokalanzeiger", „Der Tag", „Die Woche" (→S.118).

12. Eugen Richter *(1838-1906)*
Jurist und Nationalökonom. Als linksliberaler Reichstagsabgeordneter (Fortschrittspartei, Freisinnigen Partei) ein gefürchteter Kritiker Bismarcks. (Abt. III-3-45)

13. Heinrich Runge *(1817-96)*
1844 einer der ersten bürgerlichen Stadtverordneten Berlins. Später Landtags- und Reichstagsabgeordneter (Fortschrittspartei).

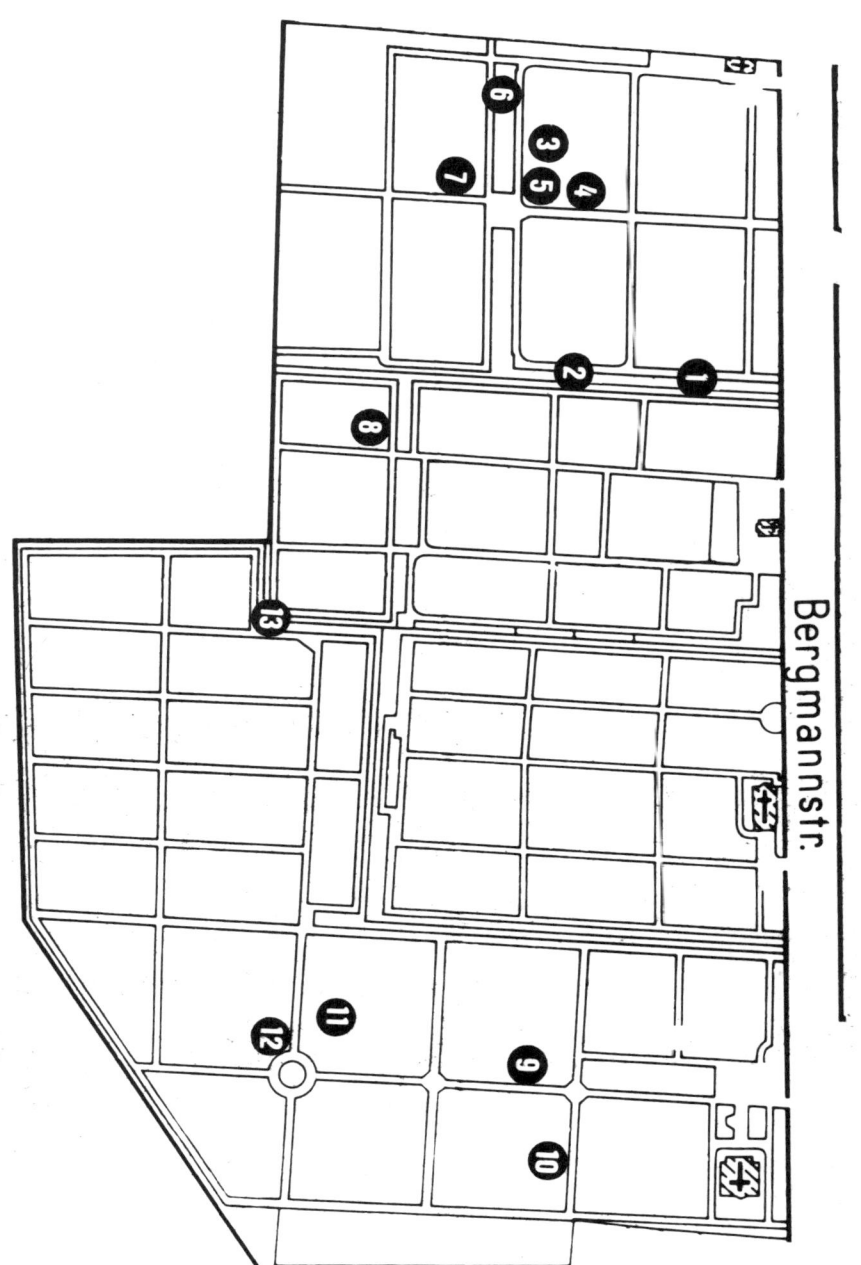

Bergmannstr.

▲ *Luisenstädtischer Kanal am Bethanien-Krankenhaus (1855) Stahlstich J. Umbach*
▼ *Oranienplatz (1910)*

8.

Verschüttgegangen

Luisenstädtischer Kanal

Mitten durch den Oranienplatz floß einst ein Kanal, und der war eine Errungenschaft der 1848er Revolution.

Die Barrikadennacht von 18. März hatte dem König politische Freiheitsrechte abgetrotzt, das liberale Bürgertum war zufriedengestellt. Unruhe herrschte jedoch weiterhin bei den unteren Schichten. Handwerker, Handwerksgesellen und die entstehende Arbeiterschaft hatten auf den Barrikaden die größten Opfer gebracht, ohne daß ihre Lebensverhältnisse verbessert worden wären.

„In den letzten Tagen haben Gehülfen, Gesellen und Arbeiter vielfach ihren Verrichtungen sich entzogen, um den öffentlichen Versammlungen beizuwohnen, man hat sogar den fleißigen Arbeiter in seiner Beschäftigung zu stören versucht . . ."

Mit dieser amtlichen Bekanntmachung vom 23. April 1848 nahm der Berliner Magistrat Bezug auf die zahlreichen Versammlungen, die in jenen Tagen und oft während der Arbeitszeit stattfanden. Kattundrucker, Posamentierer, Schlosser, Maschinenbauer, Buchbinder, Tabakspinner, Nagelschmiede und andere Gewerke und Innungen traten zusammen, um ihre Lage zu beraten. Den meisten ging es um die Erhöhung ihrer kärglichen Löhne und eine Verkürzung der Arbeitszeit auf täglich 10 Stunden. Weitere Forderungen lauteten: amtliche Kontrolle der Brotpreise, Versorgung der Arbeitsinvaliden, Unterstützungsgelder für verwundete Barrikadenkämpfer.

Der Magistrat reagierte mit Zugeständnissen. Vor allem die explosive Unzufriedenheit der Arbeitslosen galt es zu dämpfen, und so bestand seine

wichtigste Hilfsmaßnahme in einem städtischen Arbeitsbeschaffungsprogramm. Straßenbau, Eisenbahnbau, Kanalbau. Ein Schiffskanal sollte
quer durch das Köpenicker Feld gezogen werden, eine Nordsüd-Verbin-
dung zwischen Spree und Landwehrkanal.

Die ersten Ausschachtungen kamen gut voran, bis sie in den Oktober-
tagen durch einen denkwürdigen Zwischenfall unterbrochen wurden.
Anlaß war eine Dampfmaschine, aufgestellt, um Grundwasser aus dem
Kanalbett zu pumpen. Die Arbeiter hatten mit Maschinen schon schlechte
Erfahrungen gemacht und betrachteten sie mißtrauisch als Konkurrenten
um ihren Arbeitsplatz. In der Nacht zum 14. Oktober ging die Dampfmaschine in Flammen auf. Der Magistrat schickte eine Abteilung Bürgerwehr, die nahe der Baustelle drohend Position bezog. Die Spannung stieg,
bis es am 16. Oktober um die Mittagszeit zum Zusammenstoß kam. Nach
einigen Rangeleien ließ Bürgerwehr-Hauptmann Schulz anlegen und
feuern. Zuerst in die Luft, die zweite Salve gezielt. Unter roten Fahnen trugen die Arbeiter ihre Toten durch die Straßen. In der Dresdener, Köpenicker und Alten Jakobstraße wuchsen in Windeseile Barrikaden aus dem
Boden. Erst zur späten Nacht, als ein kalter Herbstregen einsetzte, flauten
die Kämpfe ab.
Der König konnte sich die Hände reiben, die einstigen Verbündeten
waren entzweit. Bürger hatten auf Arbeiter geschossen, Arbeiter auf
Bürger. Die Tage der Revolution waren nun gezählt.

Seine Blütezeit erlebte der fertiggestellte Kanal erst in den Jahren nach
1870, als die Bautätigkeit in der Luisenstadt ihren Höhepunkt erreichte.
Graue Mietskasernen wurden im Aufschwung der Gründerjahre hochgezogen, Industriebetriebe angesiedelt. Und einen großen Teil des benö-
tigten Baumaterials hat man auf Frachtkähnen herangeschafft.

Doch als der Aufbau beendet war, ging der Schiffsverkehr bald wieder
zurück. Meist diente der Kanal nur noch als Liegeplatz für „Appelkähne",
die Obst und Gemüse in die Stadt brachten; gleich von Bord wurde verkauft. Das Ausbaggern lohnte sich immer weniger, und so geschah es, daß
der Kanal allmählich versandete. Für die Kreuzberger fortan ein beliebter
Badeort, wo sich auch Ruder- und Paddelboote tummelten. An seiner
Uferböschung saßen Angler und Krebssucher. Gemütliche Gartenlokale
öffneten ihre Tore.

Der sterbende Kanal (1926)

Im Jahre 1926 war es dann mit dieser Idylle vorbei. Wieder herrschte Arbeitslosigkeit, und wieder reagierte der Magistrat mit einem Arbeitsbeschaffungsprogramm: Der Luisenstädtische Kanal, inzwischen ein zunehmendes Hindernis für Straßenverkehr und U-Bahnbau, wurde zugeschüttet.

Heute ist eine langgestreckte Promenade mit Rasenflächen, Blumenbeeten und Bäumen daraus geworden. Nur wenige der Spaziergänger wissen, daß sich unter ihren Füßen ein altes Kanalbett verbirgt.

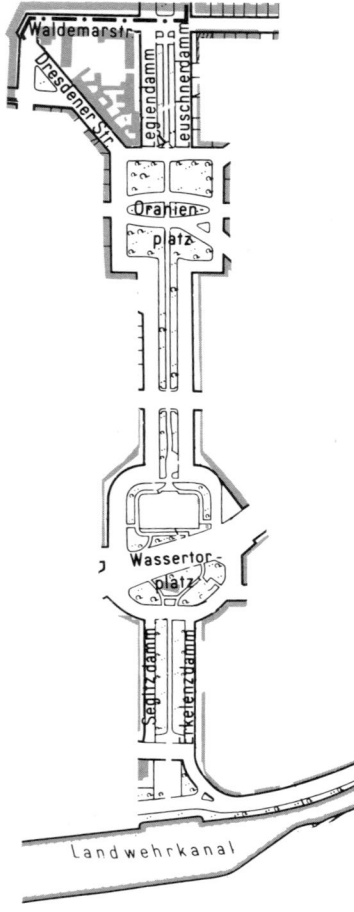

Wassertorplatz
An dieser Stelle durchquerte der Luisenstädtische Kanal die Stadtmauer (→S. 38).

Selbsthilfe-Modernisierung, *Erkelenzdamm 43-49*
„Mitplanen, mitbauen, mitbesitzen" (→ S. 169).

Waldemar-Brücke, *Waldemarstraße*
Ihrem leicht gewölbten Brückenbogen (1890) sieht man es noch an, daß er einmal einen Schiffahrtsweg überspannte.

Engelbecken-Hof, *Leuschnerdamm 13 (→S. 84)*
Benannt nach dem Engelbecken jenseits der Mauer, ursprünglich eine Kanalausbuchtung zu Ladezwecken.

Ehem. Markthalle, *Legiendamm*
1887/88 erbaut, im Weltkrieg zerbombt, 1952 abgerissen.
Erhalten geblieben ist jedoch die dazugehörige Kneipe („Zur kleinen Markthalle") mit alten Markthallen- und Kanalfotos an der Wand. Auch steht noch das Eingangsgebäude an der rückseitigen Dresdener Straße.

Legiendamm
Trägt den Namen von Karl Legien (1861-1920), Vorsitzender des Allgemeinen Deutschen Gewerkschaftsbundes. Der von ihm geleitete Generalstreik brachte den Kapp-Putsch (1920) zum Scheitern (→S. 128).

Leuschnerdamm
Benannt nach Wilhelm Leuschner (1890-1944), führender Gewerkschaftler und Sozialdemokrat. Nach seiner Entlassung aus dem Konzentrationslager (1935) Widerstandskämpfer (→S. 151), 1944 in Plötzensee hingerichtet.

Waldemarbrücke – 1898 und 1984

▲ *Schafgraben (1840)*   *Zeichnung Adolph Menzel*
▼ *Landwehrkanal an der Möckernbrücke (1902)*

9.

Lachmöwen
und Wanderratten

Landwehrkanal

Bei dem Wort Landwehrkanal muß ich immer gleich an Rosa Luxemburg
denken. Am 15. Januar 1919 wurde sie nach dem gescheiterten Spartakusaufstand von Freikorpsangehörigen ermordet und am Tiergartener
Lützowufer, unweit der Cornelius-Brücke, in den Kanal geworfen. Erst
Ende Mai war sie dann als „unbekannte Wasserleiche" geborgen worden.
„Es schwimmt eine Leiche im Landwehrkanal..."; ein makabres Lied, das
in den zwanziger Jahren zum Gassenhauer wurde, hat darauf Bezug
genommen.
Trotz dieser Assoziation: Mein liebster Kreuzberger Schleichweg verläuft
am Landwehrkanal. Dort, wo es sich Enten, Schwäne und Bläßhühner
wohl sein lassen; auch einige Lachmöwen mit gelbem und rotem Schna-
bel, wenngleich es nur wenige sind an einem Sommertag wie diesem. Die
meisten haben sich jetzt zum Brüten an ruhigeren Gewässern niedergelassen. Erst im Spätherbst werden sie wieder zurückkehren und in
Scharen mit ihrem lauten „Kriäh" die Brücken umkreisen, auf Futter-
suche.
Ausgangspunkt ist meist das Hallesche Tor, wo mein Weg unter den ruß-
geschwärzten Eisenträgern der Hochbahn das Kanalufer säumt. Hinter
der Zossener Brücke wird man bald einem Fischer mit Korb und Kescher
begegnen. Einem Fischer aus Stein, schon hundert Jahre alt und aus Zeiten
stammend, als es hier noch etwas zu fangen gab. Nur selten hält noch
jemand eine Angel ins grünschwarze Wasser. Ein Stückchen weiter
am Wegesrand stakt mit langer Stange ein steinerner Schiffer, während
sein Sohn fest den Anker in Händen hält. Doch auch die Schiffahrt auf

dem Landwehrkanal ist stark zurückgegangen, von den Ausflugsschiffen und ihren Kaffeefahrten einmal abgesehen.

Inzwischen haben wir uns vom Verkehrslärm der Gitschiner Straße entfernt. Ein warmer Sommerwind geht raschelnd durch die Blätter der Zitterpappeln, Trauerweiden lassen ihre langen Zweige ins träge Wasser hängen. Wolken von Flieder und Jasmin, und am anderen Ufer zwischen den Bäumen das Fachwerk des alten Zollhauses.

Stimmen werden laut, wir nähern uns dem Prinzenbad. Doch einige Kinder ziehen den Kanal vor; von der Baerwaldbrücke mit ihren verschnörkelten Gaslaternen stürzen sie sich in die trüben Fluten. Für Publikum ist gesorgt.

Am ehemaligen Urbanhafen herrscht munteres Badeleben, an dem auch Hunde regen Anteil nehmen. Einige Leute in Bademänteln, die an der Liegewiese auf und ab gehen, sind allerdings nicht zum Schwimmen da. Sie kommen aus dem betonträchtigen Urban-Krankenhaus und sind zum Luftschnappen nur mal eben ein paar Schritte vor die Tür gegangen.

Auch die „Schwanenmutter" steht an ihrem gewohnten Platz. In einem Kinderwagen hat sie Brotreste aus Bäckereien herangefahren, die sie nun in kleinen Tüten für 20 Pf. verkauft. Zur Freude der Kinder und Schwäne.

Der weitere Weg führt an die repräsentativen Jugendstilfassaden des Planufers – gegenüber die kleine Synagoge – schließlich zu den Vorgärten und Gartenlokalen am Paul-Lincke-Ufer.

Seinen Namen hat der Landwehrkanal im Laufe der Zeit mehrmals gewechselt.

Etwa um 1400 zogen die Bürger von Cölln in der feuchten Spreeniederung einen Entwässerungsgraben. „Hedekampscher Graben" nannten sie ihn, was wohl Heidefeldgraben bedeutet. Im Jahre 1574 erwähnen alte Chroniken einen „Landwehrgraben"; dieser war durch einen Erdwall verstärkt und diente vor dem Bau der Stadtmauer als Befestigungsanlage. Friedrich I. (1657 – 1713) ließ ihn verbreitern, um Bau- und Brennholz zum königlichen Holzmarkt am heutigen Waterloo-Ufer zu flößen. Daher der Name „Floßgraben". Auch die spätere Bezeichnung „Schafgraben" ist leicht zu erklären: Noch im 19. Jh. weideten Schafherden an seinen Ufern.

Als die Spree den angewachsenen Schiffsverkehr in Berlin nicht mehr bewältigen konnte, baute man 1845 – 1850 den Schafgraben zum Landwehrkanal aus und schuf eine direkte Verbindung zwischen Oberspree am Schlesischen Tor und Unterspree in Charlottenburg. Holz, Torf und

Urbanhafen (1898)

Kohlen, Kies, Kalk und Ziegelsteine, Obst, Gemüse und Kartoffeln – schwerbeladene Schleppkähne dampften nun durch Kreuzberg. Auf der Kottbusser Brücke lauerten oft Straßenjungen, um gezielt in die düster qualmenden Schornsteine zu spucken.

Bald erwies sich der Kanal jedoch als nicht mehr breit genug. Wenn Schiffe an den Ufern festgemacht hatten, gab es für andere kaum noch ein Durchkommen. Auch waren die hölzernen Zugbrücken unbeliebt. Wollte ein Kahn passieren, so mußten sie hochgezogen werden. Das kostete den Schiffer jedesmal Brückengeld, und auf der Straße fluchten die wartenden Kutscher.

In den neunziger Jahren wurde der Landwehrkanal endlich verbreitert, mit Ufermauern eingefaßt und mit steinernen Bogenbrücken überspannt.

Um die gleiche Zeit entstand der Urbanhafen: Drehkräne, Hebebrücken, Lösch- und Ladeplätze für 65 Frachter. Nahebei an der Admiralbrücke lag die Schifferkirche, ein umgebauter Elbkahn mit großem Andachts- und Versammlungssaal. Flußschiffer kamen hier zusammen, heimatlos oder oft monatelang fern der Heimat. Freilich nicht nur zum Beten, auch zu feuchtfröhlichen Festlichkeiten mit Schnaps und Schifferklavier und alljährlich zur Weihnachtsbescherung für die Schifferkinder.

Es ist abend geworden, ich habe mich auf einer Bank am Paul-Lincke-Ufer niedergelassen. Laue Luft liegt über Kreuzberg. Aus einem Gartenlokal kommt Musik herüber, dann und wann ein Lachen. Die Lichter der Straßenlaternen spiegeln sich im dunklen Wasser. Langsam treibt etwas vorbei. „Lieber 'nen sanften Tod im Landwehrkanal", sagen die alten Berliner, wenn sie etwas partout nicht wollen.
Im Schutze der Uferböschung huschen flinke Schatten.

Hochbahn *(→ S. 108)*

Kirche zum Heiligen Kreuz, *Blücherstraße / Ecke Zossener Straße*
Eingeweiht 1888, geht ihr Name auf den kreuzförmigen Grundriß zurück.

Keramikwerkstatt, *Blücherstraße 60, Tel. 693 78 42*
Ursula Leis: „Am liebsten modelliere ich Figuren und Gesichter; gefragt sind aber meistens Gebrauchsgegenstände. Mein Kompromiß – Bäuerinnen mit weitem Rock als Käseglocken, Blumenfrauen, die eine Pflanzenschale auf dem Kopf tragen, und Kerzenhalterinnen . . ."

Patentamt, *Gitschiner Straße 103 (→ S. 49)*

Altes Zollhaus, *Carl-Herz-Ufer 27c*
1896 als Depot für die Stradtreinigung errichtet. Später Sitz des Landwehrkanal-Wasserzolls, woran der Name des jetzigen Gartenlokals anknüpft.

Ehem. Urbanhafen

1892 – 95 zwischen Baerwald-
brücke und Admiralbrücke ange-
legt. Der Landwehrkanal wurde
auf 75 m verbreitert und durch
einen Seitenkanal um eine Lade-
insel herum ergänzt.
1965 weitgehend zugeschüttet und
überbaut (Neubautrakt des
Urban-Krankenhauses).

Wrangel-Brunnen *(1877),*

Grimmstraße / Ecke Urbanstraße.
Benannt nach jenem General, der
die 48er Revolution durch Ver-
hängung des Ausnahmezustands
zum Scheitern brachte (→ S. 45).

Die spätromantischen Bronze-
figuren symbolisieren die Ströme
Rhein, Elbe, Oder und Weich-
sel. Doch damit der Symbolik
nicht genug: Die vier Figuren
darüber verkörpern Industrie,
Handel, Wissenschaft und Kunst.

Holz kreativ, *Böckhstraße 32,*
Tel. 692 42 32

Gerd fertigt Einzelstücke aus Edel-
und heimischen Hölzern: Auto-
mobilskulpturen, Spiegel, Dosen
und Schmuck.
Rosi arbeitet an Brettspielen
(Gesellschafts-, Knobel-, Geschick-
lichkeitsspielen) für Groß und
Klein.

Planufer

Die Fassaden der Gründerzeit las-
sen die Vorgeschichte nicht er-

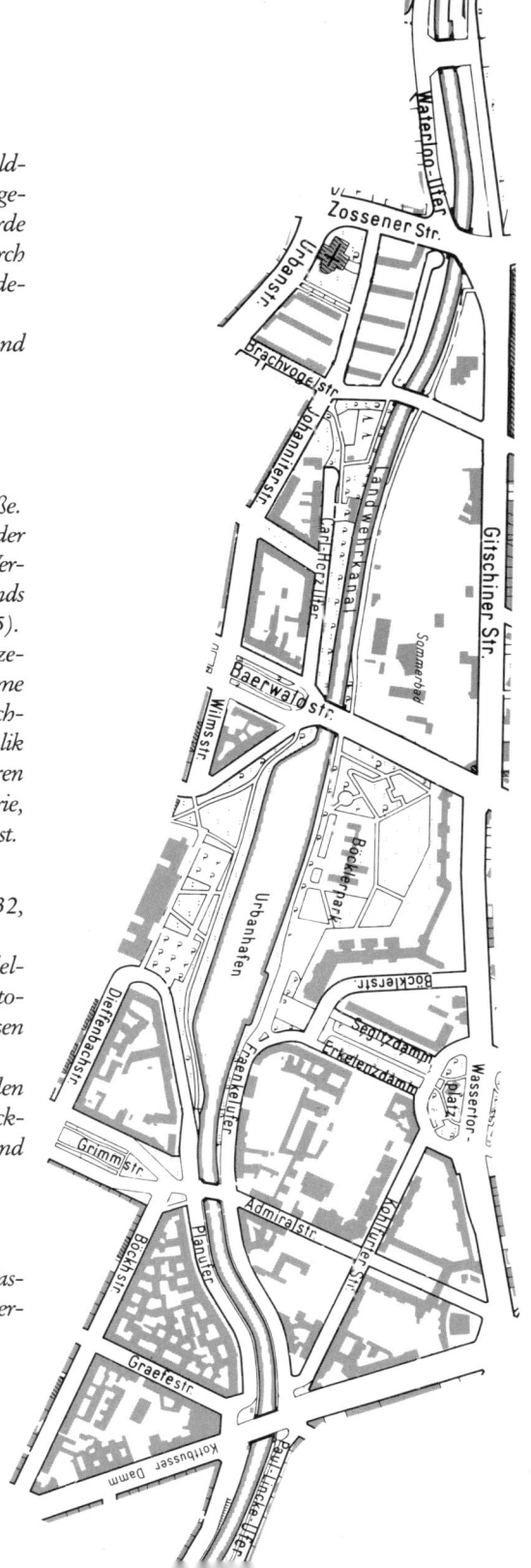

ahnen. Nur die Bezeichnung „Plan" (Wiesenplan) weist noch auf den alten Cöllnischen Weideplatz im 17. und frühem 18. Jh. hin.
Im Sommer 1872 breiteten sich auf diesem Gelände die windschiefen Hütten der „Freistadt Barackia" aus (→ S. 90).

Synagoge, *Fraenkelufer 48 – 50*

Erbaut 1913 – 16 in Form einer dreischiffigen Pfeilerbasilika mit antikem Säulenportal. Am 9. November 1938 („Reichskristallnacht") von SA schwer beschädigt, wurde das Hauptgebäude 1958 schließlich abgebrochen.
Erhalten geblieben ist nur der linke Seitenflügel, ehemals Saal für Jugendgottesdienste, heute Synagoge für die klein gewordene jüdische Gemeinde in Kreuzberg und Neukölln.

Kottbusser Brücke

Im 19. Jh. eine hölzerne Klappbrücke; „Leichenbrücke" genannt wegen der Leichenzüge, die sie täglich auf dem Weg zu den Friedhöfen an der Bergmannstraße passierten (→ S. 53).

Kottbusser Damm

Ehemals ein künstlich aufgeschütteter Damm, der durch die sumpfigen Cöllnischen Wiesen führte.

Schiffsanlegestelle, *Kottbusser Brücke*

Für 10 Mark in zwei Tagen nach Hamburg – das war in den dreißiger Jahren. Heute Ausflugsfahrten auf Landwehrkanal, Spree und Havel. Reederei Riedel, Tel. 691 37 82

Paul-Lincke-Ufer *(→ S. 188)*

68

Sommernachmittag

Planufer ▲
Fraenkelufer ▼

„Ich bin nach Weisheit weit umhergefahren . . ."
Adelbert von Chamisso

Zeichnung Louis Choris

10.
Fremdling ohne Schatten

Friedhöfe Mehringdamm

Die wundersame Geschichte des Peter Schlemihl ist schnell erzählt. Es war an einem Nachmittag, als ein ältlicher Herr in grauem Rock unauffällig an ihn herantrat. Ein seltsames Geschäft wurde ihm da angeboten, und verwundert willigte Schlemihl ein. Es ging um seinen Schatten! Er verkaufte dem Unbekannten, der niemand anderes als der Teufel selbst war, seinen Schatten. Diesen Handel sollte er noch bitter bereuen, machte sich doch der Verlust des Schattens bald schmerzlich bemerkbar.
Schlemihl ist zwar ein reicher Mann geworden, aber die Menschen machen ihm das Leben schwer. Gassenjungen laufen ihm spottend nach, Frauen wenden sich erschrocken ab. Wer keinen Schatten wirft, ist keiner von uns, so sagen die ordentlichen Bürger, die alle einen respektablen Schatten ihr eigen nennen. Vereinsamt irrt Peter Schlemihl durch die Welt, überall ein Fremder, nirgendwo zu Hause. „Du aber, mein Freund", heißt am Ende die bittere Moral von der Geschicht', „willst du unter den Menschen leben, so lerne verehren zuvörderst den Schatten . . ."

Louis Charles Adelaide de Chamisso wurde am 30. Januar 1781 als Sohn eines lothringischen Grafen auf Schloß Boncourt geboren. Als sich sein Vater 1792 in das adelige Emigrantenheer einreihte, konfiszierten die französischen Revolutionsbehörden den Familienbesitz und gaben das Schloß zum Abbruch frei. Für die Familie folgte eine Zeit der Flucht und des Umherwanderns durch Belgien, Holland und Deutschland. 1796 schließlich fand sie Aufnahme in Adels- und Emigrantenkreisen in Berlin.
Adelaide, nun Adelbert, wurde Page im Hofstaat der Königin Luise, besuchte das Französische Gymnasium und trat 1798, auf Wunsch seiner Eltern, in die preußische Armee ein. In Briefen an seine Brüder klagt

Chamisso schon nach kurzer Zeit über ein Gefühl der Isolation: „J'y suis l'étranger, der Fremde, der Franzos . . . ich habe hier nur Bekannte, keine Freunde." Und über das Soldatendasein: „Dieser Beruf verdorrt den Geist und tötet das Herz."
Um seiner Misere zu entfliehen, stürzt er sich in das Studium der Literatur und Philosophie. Er findet Anschluß an einen Kreis junger Dichter der Frühromantik im Salon des späteren Kammergerichtsrats und Verlegers Eduard Hitzig in der Friedrichstraße.
Doch auch weiterhin fühlt sich Chamisso als Außenseiter, seiner aristokratischen Herkunft ebenso fremd wie einem bürgerlich geschäftigen Leben. Als Berlin im Frühjahr 1813 zum Befreiungskampf gegen Napoleon rüstet, wird ihm seine Vaterlandslosigkeit vollends bewußt. In Deutschland fühlt er sich als Franzose, in Frankreich als Deutscher, unter Aristokraten als Jakobiner und unter Demokraten als Nachkömmling des Ancien régime. „Ich bin nirgends am Platze, je suis partout étranger." Unter heftigem inneren Zwiespalt zieht er sich, einer Einladung folgend, auf das Landgut Kunersdorf zurück. Dort, in ländlicher Abgeschiedenheit, bricht noch einmal alles aus ihm heraus – er schreibt „Peter Schlemihls wundersame Geschichte".

Als Chamisso 1818 nach einer Forschungsreise um die Welt nach Berlin zurückkehrt, kommt der inzwischen Siebenunddreißigjährige doch noch zu Amt und Würden. Zu einem Doktorhut honoris causa und zu einer Anstellung als Kustos am Botanischen Garten. Er heiratet und bezieht mit seiner Familie eine Wohnung in Schöneberg; später wohnen sie Lindenstraße 30 und Friedrichstraße 235.
Sein Schlemihl hat schon eine gewisse Berühmtheit erlangt. Chamisso verkehrt in der literarischen Mittwochsgesellschaft von Eduard Hitzig und schreibt Gedichte: „Schloß Boncourt" in Rückbesinnung auf seine Kindheit. „Die goldene Zeit", eine Sartire auf die preußischen Zensurbehörden („. . . denn der Deutsche denkt und glaubt / spricht und schreibt nun alles frei / was die hohe Polizei / erst geprüft hat und erlaubt"). Im „Lied von der alten Waschfrau" setzt er dem arbeitsreichen Leben seiner Wäscherin, Frau Schulz aus dem Hinterhaus der Friedrichstraße 235, ein poetisches Denkmal – und läßt ihr das Autorenhonorar in Höhe von 150 Talern zukommen.
Trotz aller Ehrungen und Würden, zuletzt sogar Mitglied der Akademie der Wissenschaften, schreibt er ein Jahr vor seinem Tode:

Jerusalemer Friedhof, Mehringdamm

„Ich konnt' an diese Welt mich nicht gewöhnen,
die sich verschloß dem ungefügten Gast;
ich taugte nicht, in einem Amt zu frönen
– so fiel ich allen und mir selbst zur Last."

Am 21. August 1838 ist Adelbert v. Chamisso gestorben. Auf dem Jerusalemer Friedhof vor dem Halleschen Tor hat man ihn, seinem Wunsch
entsprechend, in aller Stille begraben.

Dreifaltigkeitskirche, Jerusalemer Kirche, Neue Kirche, Böhmische Gemeinde, Brüderge-
meinde – fünf Friedhöfe entstanden im 18. und 19. Jh. vor dem Halleschen Tor, nachdem
auf königliche Order Beerdigungen innerhalb der Stadtmauern untersagt worden waren.
Manch ein Grabstein erzählt Berliner Kulturgeschichte.

1. Ernst Schering *(1824 – 89)*

Apotheker, Fabrikant, Königl. Kommerzienrat. Aus den Anfängen seiner Apotheke ging
durch Firmengründung (1864), Umwandlung in eine Aktiengesellschaft (1871) und
Fusion (1927) der heutige Pharma-Konzern hervor.

2. Carl v. Siemens *(1829 – 1906)*

Bruder des Begründers der Elektrotechnik Werner v. Siemens (→ S. 81).
Leitete die russische Zweigniederlassung der „Telegraphen-Bauanstalt Siemens & Halske"
in Petersburg.

3. Wilhelm A. Lette *(1799 – 1868)*

Begründer des Lette-Vereins „zur Förderung der Erwerbsfähigkeit des weiblichen
Geschlechts" (1866). Frauen-Ausbildungsstätten.

4. Adolf Glaßbrenner *(1810 – 76)*

Publizist, Satiriker, geistiger Wegbereiter der 48er Revolution – die preußische Zensur stets
im Nacken. (Abt. 1/2-17-18)

5. E. T. A. Hoffmann *(1776 – 1822)*

Dichter, Zeichner, Komponist, Jurist. Erzählungen und Novellen („Der unheimliche
Gast", „Das Fräulein von Scuderi", „Kater Murr").
Als Kammergerichtsrat protestierte er gegen die Verhaftung des freiheitlich gesinnten Turn-
vater Jahn (1819) – und bekam ein Disziplinarverfahren. (Abt. 1/1-32-6)

6. Adelbert v. Chamisso *(1781 – 1838)*

Dichter, Botaniker, Forschungsreisender. (Abt. 3/1-38-3)

7. Leopold Wölfling *(1868 – 1935)*

Unter diesem Namen lebte Erzherzog Leopold Ferdinand von Österreich, nachdem er
seinen Fürstentitel abgelegt hatte, am Mehringdamm 53, Hinterhaus, 3. Stock; unstandes-
gemäß verheiratet mit Klara Hedwig Palowski, Tochter eines Eisenbahners.
Memoiren: „Habsburger unter sich. Freimütige Aufzeichnungen eines ehemaligen Erz-
herzogs". (Abt. 4/4-6-12)

8. Felix Mendelssohn-Bartholdy *(1809 – 1847)*

Komponist seit seinem 11. Lebensjahr (Lieder, Symphonien, Oratorien).
„Gedanken gehn und Lieder fort bis ins Himmelreich". (Abt. VI-6-10)

9. Rahel Varnhagen v. Ense *(1771 – 1833)*
Von Heinrich Heine einmal als die „geistreichste Frau des Universums" bezeichnet.
In ihrem literarischen Salon verkehrten Chamisso, Schleiermacher, Hegel, die Gebrüder
Humboldt, Bettina v. Arnim, Ludwig Börne.

10. Heinrich v. Stephan *(1831 – 1897)*
Generalpostmeister, Staatsminister. Begründer des modernen Post- und Fernmeldewesens.

11. Carl Wilhelm Moehsen *(1722 – 1795)*
Leibarzt Friedrichs d. Gr. („Königl. Preuss. Würckl. Leibarzt").
Auf seinem Sarkophag ruht Hygieia, Tochter des Heilgottes Asklepios und Sinnbild der
Gesundheit.

12. Antoine Pesne *(1683 – 1757)*
Hofmaler Friedrichs d. Gr.

13. Georg Wenzeslaus v. Knobelsdorf *(1699 – 1753)*
Baumeister Friedrichs d. Gr. (Schloß Sanssouci).

14. Franz Duncker *(1822 – 1888)*
Mitbegründer der Deutschen Fortschrittspartei und der Hirsch-Dunckerschen Gewerk-
vereine. (Abt. 2/1-7-33)

15. Ernst Ludwig Heim *(1747 – 1834)*
Populärer Berliner Arzt, der nicht nur Königin Luise und General Blücher zu seinen
Patienten zählte, sondern auch die Tagelöhnerfrau und den Arbeitslosen. Wer kein Geld
hatte, brauchte nichts zu zahlen.

16. August Wilhelm Iffland *(1759 – 1814)*
Schauspieler, Dramatiker, Theaterdirektor.

17. Wilhelm Mühlenhaupt *(1907 – 1977)*
„War Glasbläser, Sattler, Straßenfeger und Kammerjäger, lebte in seinen letzten 15 Jahren
als Hampelmannbauer und Erfinder beweglicher Bilder mit seinem Bruder Kurt zusam-
men am Chamissoplatz."

18. Johannes Evangelista Gossner *(1773 – 1858)*
Begründer der Gossner-Mission.
Der Grabhügel neben ihm bedeckt seine langjährige Haushälterin und Lebensgefährtin,
die wohl auch einen Grabstein verdient hätte.

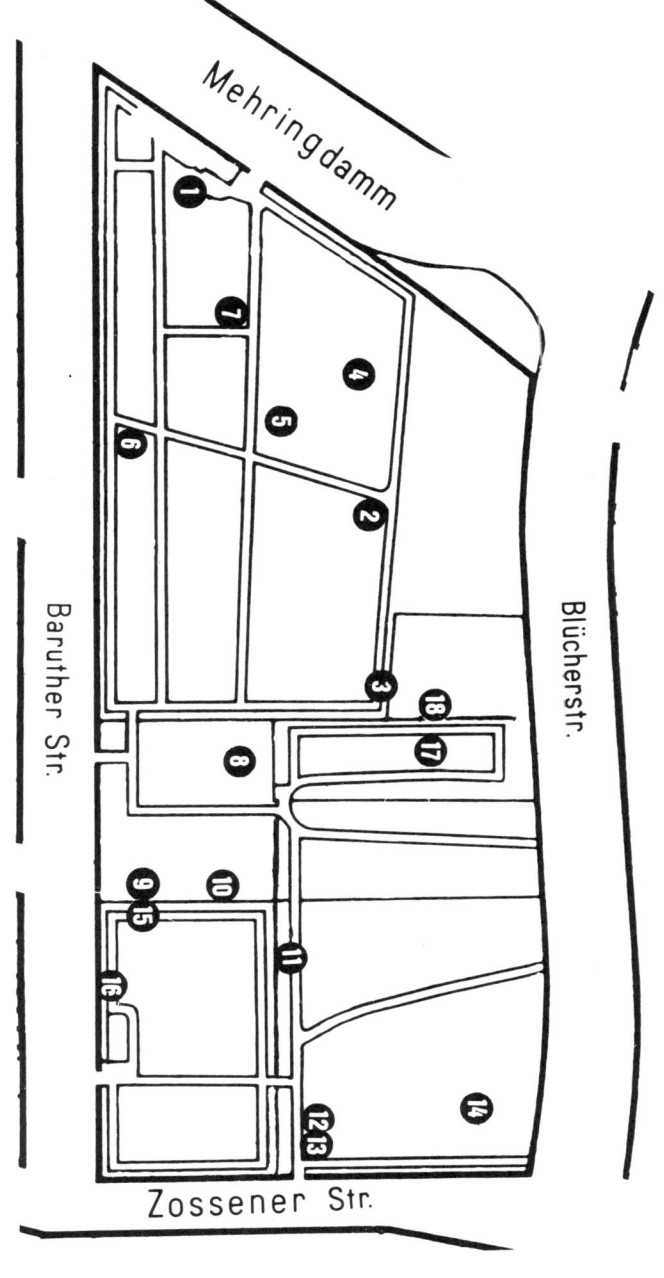

11.
Die „Kreuzberger Mischung"

Oranienstraße – Ritterstraße

Kreuzberg, obwohl flächenmäßig der kleinste West-Berliner Bezirk, beherbergt noch immer die meisten Betriebe des produzierenden Gewerbes. 177 Unternehmen sind es, in der Mehrzahl Klein- und Mittelbetriebe, die hier ihren Standort haben. Eine lange gewerbliche Tradition reicht ins frühe 19. Jh. zurück, als die Luisenstadt zu einem Ausgangspunkt der industriellen Entwicklung Berlins wurde.

Um 1800 war das Textilgewerbe der führende Wirtschaftszweig. Als jedoch nach Aufhebung der napoleonischen Kontinentalsperre (1815) englische Baumwollstoffe die Märkte überschwemmten, ging auch in Berlin die Weberei stark zurück.
Anders die Textilveredelung. 1812 gründete der Fabrikant F. Dannenberger in der Köpenicker Straße eine Wollstoffdruckerei, 1814 eine Kattunfabrik. Ausgestattet mit Wasch-, Wring- und Trockenmaschinen nach englischem Muster sowie mit einer neuartigen Walzendruckmaschine, die 100 Stück Kattun an einem Tag bedrucken konnte. Die anfangs noch verwendete Pferdekraft wurde 1819 durch eine aufsehenerregende Dampfmaschine ersetzt.
Im Bekleidungsgewerbe erfolgte die Produktion dezentral, jedoch unter der Regie großer Handelsfirmen. Da war z. B. das Konfektionshaus Maassen, Oranienstraße 165. Als kleiner Eckladen mit zwei Schaufenstern im Jahre 1885 gegründet, dehnte es sich in der Folgezeit ständig aus. Kleider, Röcke, Blusen, Kostüme, Mäntel, Pelze – das umfängliche Sortiment in Damenbekleidung wurde von 200 Zwischenmeistern geliefert; ehemals selbständige Schneider mit eigenen Werkstätten, die der Konkurrenzdruck in Abhängigkeit gebracht hatte. Wobei die Bezeichnung

„Zwischenmeister" auf ihre Mittlerstellung zwischen Handelsfirma und ungezählten Heimarbeiterinnen weist, die ihnen gegen geringes Entgelt zuarbeiteten.

Von besonderer Bedeutung war in der Luisenstadt stets auch die Metallverarbeitung. Im Jahre 1816 entstand in der Sebastianstraße 20 die Silberschmiede Meyen. In der Firma Henniger & Co, Alte Jakobstraße 106, wurde 1824 das Alpaka (Neusilber) erfunden, eine Legierung aus Kupfer, Nickel und Zink. Die 1844 gegründete Firma Guiremand, Prinzessinnenstraße 21, arbeitete mit Zinn, Kupfer und Messing. Das Unternehmen Wild & Wessel in der Prinzenstraße 26/27 produzierte Petroleumlampen. Mit dem Aufschwung der Gasbeleuchtung um die Jahrhundertmitte entstand ein großer Bedarf an Gaslampen und Gaszählern, mit der Verbesserung der Wasserversorgung eine gesteigerte Nachfrage nach Installationsmaterial. Die 1855 gegründete Schäffer & Walcker GmbH, Lindenstraße 18/19, stieß mit ihren Gas-Wasser-Armaturen in diese Marktlücke hinein.

Der beginnende Maschinenbau erfolgte in den 40er Jahren noch in Handwerksmanufakturen. Die Einfachheit der Werkzeuge stand in erstaunlichem Gegensatz zur Komplexität der Produkte. In einem Bericht der Königlich Technischen Deputation für Gewerbe heißt es über die Maschinenbauanstalt Hoppe, Köpenicker Straße, sie enthalte „eine Schmiede mit 2 Feuern, 4 Schraubstöcken, einen Drehraum mit hölzernen Drehbänken, mit einer kleineren, in demselben Raum auf einem erhöhten Gestelle errichteten Hochdruckdampfmaschine von etwa 2 Pferden, einen Raum zum Aufstellen von kleineren Arbeiten; im zweiten Stock eine Feilstube mit 11 Feilbänken und einer Tischlerei und einem Comptoir." Mit dieser Ausrüstung hat Hoppe Dampfmaschinen hergestellt...

Wegen des geringeren Platzbedarfs konzentrierten sich in der Luisenstadt jedoch vorwiegend Betriebe der Feinmechanik. Mehrere Unternehmen begannen mit Nähmaschinen für das Konfektionsgewerbe und erweiterten später ihre Produktion in andere Bereiche. So stellte die Firma Frister & Roßmann, Skalitzer Straße 134/135, seit 1893 auch Schreibmaschinen her, die Firma Beermann am Schlesischen Tor Landmaschinen. Das Unternehmen Ludwig Loewe & Co, Hollmannstraße 32 – 35, trug noch die Bezeichnung „Nähmaschinenfabrik", als schon ein Großteil seiner Produktion aus Werkzeugmaschinen, nicht zuletzt für Waffen- und Munitionsfabriken, bestand.

Gewerbehof Erkelenzdamm

„Wer nie bei Siemens-Halske war / bei AEG und Borsig / der weeß noch nich, wat Arbeet heeßt / der hat noch manchet vor sich." In einem alten Arbeiterlied werden sie genannt, die Großen der Berliner Elektroindustrie, von denen einer ganz klein in Kreuzberg angefangen hat.

1847 gründeten der Ingenieur Werner Siemens und der Mechaniker Johann Georg Halske mit drei Arbeitern und einem geliehenen Betriebskapital von 6000 Talern die „Telegraphen-Bauanstalt Siemens & Halske"; in einer Hinterhofwerkstatt, Schöneberger Straße 19. Im Auftrag der preußischen Regierung errichteten sie die ersten Telegrafie-Verbindungen nach Frankfurt (zur besseren Observation der Nationalversammlung),

Köln, Hamburg, Breslau, Königsberg. Schnell war die Werkstatt zu klein geworden, und schon 1851 bezog das junge Unternehmen ein Fabrikgebäude in der Markgrafenstraße 94. Eilig trieb es in den kommenden Jahren die elektrotechnische Entwicklung voran, so daß sich schließlich in seinem Produktionsprogramm Telefone, Mikrofone, Feuermelder, Glühlampen, Eisenbahnsignale, Lokomotiven, Hoch- und Untergrundbahnen ebenso fanden wie Maschinengewehrschlösser und elektronische Minenzünder. Natürlich nicht alles in der Markgrafenstraße hergestellt – in den achtziger Jahren hatte das Gebäude trotz mehrmaliger Erweiterung nicht ausgereicht – sondern auch in den neuerrichteten Werken in Charlottenburg.

Alle Kreuzberger Betriebe standen vor einem Raumproblem, denn Platz war knapp in der innerstädtisch gelegenen Luisenstadt. Da gesondertes Industriegelände kaum zur Verfügung stand, bauten die Handwerksmeister und Fabrikanten des 19. Jh. ihre Unternehmen in die Hinterhöfe. Ganze Gewerbehöfe, oft mehrere hintereinander gestaffelt, wurden um die Jahrhundertwende angelegt. Es entstand die berühmte „Kreuzberger Mischung" aus Wohn- und Gewerberäumen: Im Vorderhaus wohnen, im Hinterhaus arbeiten.

177 Betriebe sind es noch immer, die heute in Kreuzberg ihren Standort haben, und auch die Branchenschwerpunkte sind geblieben: Textil- und Bekleidungsindustrie, Metallverarbeitung, Feinmechanik, Druckgewerbe, Elektro- und Fernmeldetechnik. Einige der alten Namen bestehen weiter, wie das Armaturenwerk Aqua Butzke, der Ullstein Verlag oder die Piano-Fabrik Bechstein; aus den Deutschen Telephonwerken Robert Stock ging durch Fusion die jetzige DeTeWe hervor. Und neue Namen sind hinzugekommen: Bosse, Berthold, Springer, Heinze, Bob.

Doch insgesamt geht die Zahl der Betriebe zurück. Teilung und Mauerbau haben Kreuzberg vom ursprünglichen Stadtzentrum abgeschnitten. Manches Unternehmen mußte aufgeben, einige Geschäfte, z. B. Wertheim am Moritzplatz, sind in die neue City gezogen. Die leeren Fabriketagen werden jetzt von Wohngemeinschaften genutzt, Künstler haben sich Ateliers eingerichtet; oder alternative Handwerkskollektive setzen die gewerbliche Tradition fort.

Sinnigerweise ist es gerade die „Sanierungspolitik" von Senat und Baugesellschaften, die vielen Betrieben die Existenzgrundlage entzieht. Durch Abriß der Seiten- und Hinterhäuser im Zuge der „Blockentkernung" geht

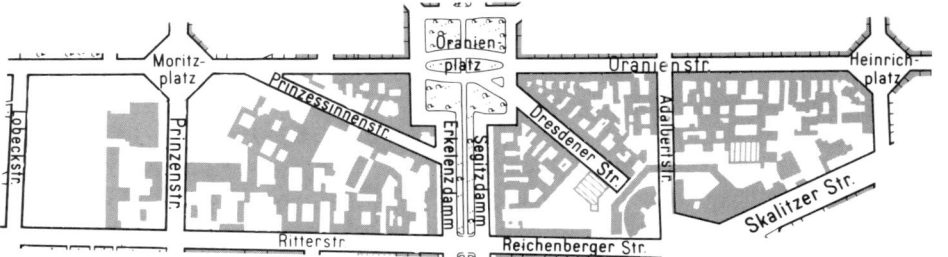

Gewerberaum in großem Umfang verloren. Ersatzangebote in Neubauten können wegen der hohen Gewerbemieten oft nicht wahrgenommen werden. Die Hinterhofbetriebe, die das Leben in unserem Viertel seit über hundert Jahren prägen, sterben aus. Und mit ihnen stirbt die „Kreuzberger Mischung" – wenn nicht in letzter Stunde die Brachial-Sanierung aufgegeben wird. Zugunsten behutsamer Instandsetzung.

Exportviertel Ritterstraße

Die Ritterstraße und ihre Seitenstraßen bildeten früher einen weltbekannten Wirtschaftsschwerpunkt. 1391 Fabrikanten, 2943 Vertreter, 92 Exporteure und 21 Speditionsfirmen zählte man im Jahre 1914. Nicht nur Berliner Firmen, auch zahlreiche auswärtige Unternehmen stellten in Musterlagern ihre Produkte zur Schau. Für Glas- und Porzellanwaren, Haus- und Küchengeräte, Papier- und Lederwaren, Elektroartikel, Schmuck und Kunstgewerbe wurde die Ritterstraße zum zentralen Einkaufsplatz Deutschlands.
Was im westlichen Teil der Ritterstraße nicht von den Bomben des Krieges zerstört wurde, ist in den sechziger Jahren der Flächensanierung zum Opfer gefallen. Nur ein Teil der alten Butzke-Werke, Ritterstraße 24 – 27, der Ritter-Hof und das benachbarte Pelikan-Haus, Ritterstraße 9/10, sind stehengeblieben. Und nur wenige Unternehmen haben sich neu angesiedelt.

„Kreuzberger Mischung"

Die Kombination von Wohnungen im Vorderhaus und Gewerbe im Hinterhaus ist trotz starkem Rückgang noch erhalten. Zum Beispiel in der Oranienstraße 19a (Tischlermeister Otto Köhler) oder am Oranienplatz 5 (Holzkollektiv „Wilder Hammer").

Gewerbehöfe
Als Weiterentwicklung der kleinen Hinterhofbetriebe um die Jahrhundertwende erbaut. Über mehrere Hinterhöfe ausgedehnt, bieten sie Unternehmen verschiedener Branchen Raum. Oranien-Hof, Oranienstraße 183 / Elisabeth-Hof, Erkelenzdamm 59 – 61 / Engelbecken-Hof, Leuschnerdamm 13 / Ritter-Hof, Ritterstraße 11.

Grüne Hinterhofoasen, *Oranienstraße 5, 7, 14*
Mit selbstgezimmerter Holzbank unter der Kastanie oder dem Fliederbusch, mit wildwucherndem Wein an den Häuserwänden und Tomatenstauden auf der Feuerleiter.

Oranienstraße *(früher: Orangenstraße)*
Benannt nach eingewanderten Hugenotten (1698/99) aus dem Fürstentum Orange. Die protestantischen Flüchtlinge aus dem katholischen Frankreich ließen sich hier, damals Cöllnische Vorstadt, nieder und trugen durch ihr handwerkliches Können wesentlich zur wirtschaftlichen Entwicklung Berlins bei.

Kraut & Rüben, *Oranienstraße 15, Tel. 614 10 75*
Naturkostladen-Kollektiv mit gleichmäßig geteiltem Einheitslohn. Diverse Körner, Brote, Weine + Säfte; Obst und Gemüse teils von wendländischen Bio-Bauern.

Galerie / Atelier Endart, Ändat…, *Oranienstraße 36, Tel. 465 22 41*
Der Name entwickelt sich wie auch seine Bedeutungen. Endgültige Kunst? Entartete Kunst? Das Ende aller Kunst? Kunst, die alles verändert?

Anti-Quariat, *Oranienstraße 39*
Politische Bücher second hand, ihr Erlös für politische Gefangene.

Atelier / Galerie Aufbau – Abbau, *Oranienstraße 47a, Tel. 65 31 15*
„Wir haben etwas: Bilder, Objekte, Ideen, Konzepte. Bauen etwas anderes dazu – Passendes, Widersprüchliches. Müssen es überarbeiten, Teile anders zusammenstellen, müssen alles ändern, abbauen, umbauen, aufbauen."

Unart, *Oranienstraße 163, Tel. 614 20 70*
„Schau- und Aktionsraum": Ausstellungen, Theater, Tanzen, Malen, Musizieren, Fotografieren, Filmen, Schreiben. Selbsthilfe kreativer Einzelgänger.

BAZ, *Oranienstraße 159, Tel. 614 50 98*
Bildungs- und Aktionszentrum Dritte Welt. Zeitschriften, Bücher, Veranstaltungen, Cafe und Teestube. Ein Ort für Menschen aus Erster und Dritter Welt.

▲ Beim Holzkollektiv „Wilder Hammer", Oranienplatz
▼ Hat's denn geschmeckt?

12.
... wie mit einer Axt

Sorauer Straße

„Eine Witwe mit ihren fünf Kindern bewohnt eine Kellerwohnung in einem Hinterhause der Lindenstraße. Der enge Hofraum ist von vierstöckigen Gebäuden eingeschlossen. Das Hofkloset liegt der Wohnung gegenüber. Müll- und Aschkasten sowie Vorrichtungen zum Teppichreinigen befinden sich in unmittelbarer Nähe. Acht Stufen führen in den Keller, in dessen Tiefe beständige Dämmerung herrscht. Von den Wänden löst sich in Folge der Feuchtigkeit der Kalk los. Die Wohnung besteht aus Stube und Küche." (Vossische Zeitung, 27. 5. 1893)
„Wenn wir jetzt die dunklen Kellerwohnungen verlassen und ins Parterre hinaufsteigen, so sind auch hier nicht viel bessere Zustände. Im allgemeinen sind die Parterrewohnungen der Höfe feucht, kalt und schlecht beleuchtet." (Vossische Zeitung, 27. 5. 1892)
„Admiralstraße 14, 3 und 4 Tr., feuchte Wohnungen, in der vierten Etage soll es einfach durchregnen. In der Mitte durch eine Mauer geteilte Berliner Stuben, so daß eine Hälfte ohne Fenster und Ofen, ohne Luft und Licht. In der vierten Etage wohnen in solchem Raum 5 Personen, Frau mit drei Kindern und Schlafmädchen. Für 25 Personen ein gemeinsames Kloset in schlechtem Zustande auf dem Treppenflur." (Vorwärts, 10. 1. 1893)
„Ob die Dachwohnungen gesünder sind als die Kellerwohnungen, wird von Sachverständigen stark bezweifelt ... In dem fünften Stockwerk eines Hinterhauses der Ritterstraße wohnt eine Wäscherin mit ihrer 77jährigen Mutter und vier Söhnen im Alter von 7 bis 15 Jahren. Die Wohnung besteht aus einer kleinen Stube und einer noch kleineren Küche. Die Räume sind so niedrig, daß ein ausgewachsener Mensch kaum darin aufrecht stehen kann, und die Vorderwand ist schräg. Die Wohnung ist im Winter kalt, feucht und zugig." (Vossische Zeitung, 27. 5. 1893)

In der zweiten Hälfte des 19. Jh. hatte die Industrielle Revolution Berlin in vollem Umfang erreicht. Die neuentstehenden Fabriken lockten hunderttausende von Arbeitsuchenden in die Hauptstadt. Arbeiterviertel legten sich von Moabit, Wedding, Oranienburger und Rosenthaler Vorstadt im Norden über das Stralauer Viertel im Osten bis hin zur Luisenstadt und Tempelhofer Vorstadt im Süden in einem Dreiviertelring um das alte Zentrum.

Bei der Umwandlung von Ackerland in Bauland blühte die Grundstücksspekulation. Kleine Spekulanten schlossen sich zu Baugesellschaften zusammen und zogen straßenweise Mietskasernen hoch. Gebaut wurde nach dem Prinzip, auf geringst möglicher Fläche eine Höchstzahl an Menschen unterzubringen. Die preußische Bauordnung von 1853 stellte keinerlei Ansprüche an Licht, Luft und Hygiene. Lediglich unter Brandschutzgesichtspunkten bestimmte sie eine Mindesthofgröße von 5,30 m mal 5,30 m; die Feuerspritze mußte ungehindert wenden können. Um die Baugesellschaften an den Straßenerschließungskosten zu beteiligen, wurden die Häuser nach der Länge ihrer Straßenfront besteuert. Was schmale Vorderhäuser zur Folge hatte – mit Seitenflügeln, Quergebäuden, Hinterhäusern, bis zu fünf Hinterhöfen gestaffelt.

In den Jahren 1872 – 84 ließ der Bauunternehmer Paul Haberkern die Sorauer Straße erschließen und beiderseitig Mietskasernen errichten. Dank einer Untersuchung der sozialdemokratischen Arbeiter-Sanitätskommision (1893) lassen sich die Wohnverhältnisse in den Haberkern-Blöcken recht genau rekonstruieren.

Nur in den Vorderhäusern Hochparterre und 1. Etage befanden sich geräumige Wohnungen mit 3–5 Zimmern. Hier residierten Herr Haberkern persönlich (Lübbener Straße 16) sowie einige Kaufleute, Handwerksmeister und Beamte.

Die oberen Stockwerke und sämtliche Hinterhäuser mit ihren Kleinwohnungen, meist nur Stube und Küche, waren Arbeitern vorbehalten. Viele aus Schlesien und der Niederlausitz stammend, an den Straßennamen (Sorauer, Lübbener, Oppelner Straße) noch ablesbar. In diesen Wohnungen drängten sich 2 – 10 Personen zusammen; außer den Familienangehörigen oft auch „Schlafgänger", denen ein Bett untervermietet worden war. Die Untersuchung stellt fest, daß den meisten Mietern der Haberkern-Blöcke weniger Wohnfläche zur Verfügung stand als den Einzelzellen-Häftlingen im Zuchthaus Plötzensee.

„Freistadt Barackia" vor dem Kottbusser Tor (1872)   *Zeichn. Georg Koch*

Für Stube und Küche betrug die monatliche Miete 20 – 30 Mark. Das war sehr viel bei einem durchschnittlichen Arbeitslohn von monatlich 70 – 100 Mark und konnte nur durch zusätzliche Frauen-und Kinderarbeit oder durch Untervermietung an Schlafgänger aufgebracht werden.

Bei Arbeitslosigkeit oder Krankheit – Bronchitis und Tuberkulose grassierten – kam man mit der Miete leicht in Rückstand. Wer nicht mehr zahlen konnte, wurde nach Ablauf der halbjährlichen Mietverträge an den „Ziehtagen" 1. April bzw. 1. Oktober auf die Straße gesetzt. Das Jahrbuch für Volkswirtschaft und Statistik von 1871 berichtet über die zahlreichen Aus- und Umzüge jenes Jahres: „Am ärgsten jedoch war das Treiben in den Vorstädten, ganz besonders auf der äußeren Luisenstadt vom Halleschen Tor bis zum Lausitzer Platz. Ganze Straßen waren dort zu beiden

Seiten so dicht mit Möbeln besetzt . . . , daß man meinen konnte, es sei dort ein einziges Trödelmagazin etabliert worden."

Nicht immer ging es bei „Exmittierungen" – das damalige Wort für Räumung – friedlich zu. Als im Juni 1863 ein Gastwirt in der Oranienstraße 64 exmittiert werden sollte, leistete seine Gästeschar Widerstand, wie der Polizeibericht anschaulich überliefert: „Die Mannschaft wurde mit Gläsern und Flaschen beworfen, und die Ausschreitungen der Menge wurden schließlich so stark, daß die Straße mit Hülfe der blanken Waffe gesäubert werden mußte. Am 30. Juni und 1. Juli wiederholten sich diese Ansammlungen; die Polizeiorgane wurden nicht nur beschimpft, sondern es wurde auch aus den Häusern mit Steinen nach ihnen geworfen. Um das Einschreiten der Berittenen zu erschweren, wurden Rinnsteinbohlen und abgerissene Bauzaunbretter zusammengeschleppt. Man zerschlug die Straßenlaternen, brach die Brenner ab und entzündete das ausströmende Gas, so daß mächtig auflodernde Flammen von den verübten Gewaltthätigkeiten weithin Kunde gaben."

Eduard Bernstein schreibt in seiner Geschichte der Berliner Arbeiterbewegung von einer Räumung am 27. Juli 1872 aus dem Hause Skalitzer Straße 12: „Der Krawall nahm hier ein so bedrohliches Gesicht an, daß in der Kaiser-Franz-Kaserne in der Pionierstraße (heute: Blücherstraße) die Soldaten konsigniert wurden und ebenfalls eine Schwadron Dragoner sich gesattelt bereit halten mußte. Wieder wird es gegen drei Uhr nachts, bis es gelingt, überall die Volksmenge von den Straßen wegzudrängen."

Ebenfalls im Sommer 1872 griffen Wohnungssuchende zur Selbsthilfe und bauten sich auf einem besetzten Stück Land die Freistadt Barackia: „Auf freiem Felde, zwischen Cottbuser Thor und der Hasenheide erheben sich mitten im Kartoffel- und Ackerland eine große Zahl ärmlicher, dürftig zusammengeschlagener Bretterbuden, durch deren Dach der Regen und durch deren fingerbreite Spalten in den Wänden der Wind pfeift. An der einen Seite ist eine Bretterthür, an der anderen sind ein paar kleine Fenster angebracht, an der dritten Seite aber ist ein Stück Ofenrohr durch die Bretterwand gesteckt, welches als Schornstein dient." (Der Volksstaat, 3. 8. 1872)

„Die Barackenbewohner im Süden und Nordosten der Stadt leben seit einigen Tagen in großer Aufregung, weil der neue Polizeipräsident Hr. v. Madai sich in entschiedener Weise dahin ausgesprochen hat, daß spätestens bis zum 15. September sämtliche Baracken vor dem Cottbuser und

Landsberger Thor verschwunden sein müssen." (Spenersche Zeitung, 24. 8. 1872)
Und so geschah es dann auch. Die Holzhütten wurden durch die Feuerwehr unter polizeilichem Schutz eingerissen, die Bewohner trotz heftiger Gegenwehr vertrieben. Die Bebauung des Planufers mit vornehmen Bürgerhäusern konnte beginnen.

Von solch gelegentlichem Aufruhr abgesehen, wurden die bedrückenden Wohnverhältnisse mit erstaunlichem Gleichmut hingenommen; die Neu-Berliner waren vom Lande her äußerst ärmliche Behausungen gewohnt. Heinrich Zille, der mit seinem Skizzenblock auch das alte Kreuzberg durchstreifte und dabei gern im Nassen Dreieck, Skalitzer Straße 4, einkehrte, kommentierte: „Man kann einen Menschen mit einer Wohnung erschlagen wie mit einer Axt."

Haberkern-Blöcke
1872 - 84 beiderseits der Sorauer Straße erbaut (Bauunternehmer: Paul Haberkern).
Trotz Fassadenrenovierung und teilweiser Auslichtung der engen Hinterhöfe, ist das architektonische Grundprinzip, möglichst viele Menschen auf möglichst wenig Raum unterzubringen, noch deutlich erkennbar.

Bürgerinitiative SO 36, *Sorauer Straße 28, Tel. 612 17 50*
Kämpft gegen Abriß und Luxusmodernisierung (→ S. 174), für Erhaltung und Instandsetzung billigen Wohnraums. Mieterberatung. Herausgabe des monatlich erscheinenden „Südost-Express".

Verein SO 36, *Wrangelstraße 40, Tel. 612 60 30*
Ziel ist die Verbesserung der Kreuzberger Wohn- und Lebensverhältnisse durch Betroffenenbeteiligung. Im Unterschied zur BI SO 36 wird der Verein vom Senat als Bürgervertretung anerkannt und in seiner Mieterberatung finanziell unterstützt.

Wrangel-Kaserne, *Wrangelstraße 98*
Erbaut 1874 - 78 für das 3. Garderegiment zu Fuß. 1920 Polizeikaserne, 1945 Altersheim, heute Teil eines Oberstufenzentrums.

Eisenbahnstraße
Durch diese Straße fuhr 1851 - 71 der „Verbinder", ein Eisenbahnzug, der alle Berliner Kopfbahnhöfe miteinander verband.
Bis 1905 verkehrte nachts der „Kohlenzug" vom Schlesischen Bahnhof zu den Gasanstalten (→ S. 102) an der Gitschiner Straße.

Eisenbahn-Markthalle, *Eisenbahnstraße 42/43*
1890/91 erbaut als Ersatz für den früheren Wochenmarkt am Lausitzer Platz. Wie auch die Marheineke-Markthalle (→ S. 135) hat sie ihre große Zeit hinter sich und ringt mit der Kaufhaus- und Supermarktkonkurrenz.

Forum Kreuzberg, *Eisenbahnstraße 21, Tel. 618 22 22*
Anthroposophisch inspiriertes „Zentrum für wissenschaftliche, künstlerische und soziale Arbeit". Malen, Weben, Modellieren, Töpfern, Tischlern, Metallwerkstatt, Musik, Theater, Eurythmie, Philosophie. Eine Teestube als Treffpunkt.

Himmel & Erde, *Skalitzer Straße 46, Tel. 611 60 41*
Anthroposophisches Ladenkollektiv: Biologische und biodynamische Lebensmittel, Öko-Bücher, Umweltschutzpapier, Heilkräuter, Naturfarben.

▲ *Ein Todesfall*　　　　　　　　　　　　　*Zeichnung Heinrich Zille*
▼ *Hinterhof-Blues, Nostitzstraße*

13.

Riehmers Hofgarten

Yorckstraße – Großbeerenstraße – Hagelberger Straße

Yorckstraße 83 – 86. Zwei muskelstarke steinerne Atlanten, einen Balkon auf Kopf und Schultern tragend, wachen über das Eingangsportal zu einer Oase. Wenn ich von der lauten Yorckstraße durch das kunstvoll geschmiedete Gittertor getreten bin, glaube ich mich jedesmal in einer anderen Wirklichkeit. Der Verkehrslärm ist plötzlich gedämpft und in weite Ferne gerückt. Über altertümliches Kopfsteinpflaster an Vorgärten und gußeisernen Gaslaternen vorbei führt der Weg ins Hofinnere. Kastanien, Platanen, Ahorn, eine Eiche setzen im Sommer sattes Grün vor die hellen Renaissance-Fassaden. Ein Bild von Harmonie und Geborgenheit.
Erbauer dieser 24 Wohnhäuser umfassenden Anlage (1881 – 92) ist der Maurermeister und Bauunternehmer Wilhelm Riehmer. Wie er das nötige Kapital aufbrachte, bleibt sein Geheimnis; klingt doch die Überlieferung, er habe 30 000 Goldmark beim Skatspiel gewonnen, nicht sehr wahrscheinlich. Eher ist wohl sein spekulatives Gespür zu nennen, mit dem er die kommende Baukonjunktur vorhersah und bereits 1871 das Gelände ankaufte. Von Tempelhofer Bauern und für wenig Geld.
„Ein großer, gärtnerisch ausgeschmückter Hof, wie ich ihn anzulegen beabsichtige, entspricht dem Charakter der Gegend. Große Mietskasernen oder gar Fabrikanlagen . . . müßten der Gegend zur Unzierde gereichen", verteidigte Riehmer sein Bauvorhaben vor Gericht. Jahrelang mußte er mit den polizeilichen Aufsichtsbehörden prozessieren, um sein Projekt – aufgelockerte Bauweise mit Hofgarten und privater Erschliessungsstraße – durchzusetzen.
Eine architektonisch vorbildliche Wohnanlage entstand, allerdings nur für Mieter der gehobenen Gesellschaft. Wohlhabende Bürger, Offiziere der

Riehmers Hofgarten, Eingangsportal Yorckstraße

nahegelegenen Dragonerkaserne und andere hohe Staatsbeamte nahmen in den 5 – 7 Zimmerwohnungen ihr Domizil. Selbst Seine Majestät der Kaiser war gelegentlich zugegen – wenn er dem Grafen Strachwitz einen Besuch abstattete.

Von Wilhelm Riehmer erzählt man sich, daß er streng auf den vornehmen Charakter seines Hofgartens achtete. Die schmiedeeisernen Tore an den drei Eingängen waren ständig geschlossen zu halten, jeder Mieter besaß einen Schlüssel. Um jeglichen Lärm fernzuhalten, duldete Riehmer, selbst Vater von acht Kindern, eine Zeitlang nur kinderlose Mieter. Und jeden Morgen soll er in Begleitung von Hausmeister und Gärtner inspiziert haben, ob die Messingknöpfe an den Haustüren auch blankgeputzt waren.

Nach dem Ersten Weltkrieg wurden die Häuser von Riehmers Erben, er starb 1902, verkauft. Da sich nicht mehr genügend zahlungskräftige

Mieter fanden – die Dragonerkaserne war `zum Finanzamt geworden – teilte man die hochherrschaftlichen Wohnungen in kleinere auf. Kleinbürgertum zog ein. In den letzten Jahren ist Riehmers Hofgarten wieder ein wenig vornehmer geworden. Restaurierte Fassaden und aufwendige Wohnungsmodernisierung haben zu Mieterhöhungen geführt, die sich mancher nicht mehr leisten konnte.

Riehmers Hofgarten
Wer in die Hauseingänge schaut, einige sind mit dem römischen Gruß „Salve" gefliest, wird manch schönes Detail entdecken: kunstvoll gedrechselte Treppengeländer, Türschnitzereien, Mosaikfenster, stuckverzierte Decken, eine Pförtnerloge (Großbeerenstraße 54). Auch in der Breite der Treppenhäuser steckt vergangene Noblesse: Zwei Offiziere kamen ohne Schwierigkeiten grüßend aneinander vorbei.

Künstler haben Wohnungen zu Ateliers umgebaut: Ter Hell ringt in „konkreter, abstrakter Malerei" um Bezüge zu Leben und Gesellschaft, Walter Stöhrer betreibt „intrapsychischen Realismus". Der Bildhauer Gershon Fehrenbach, aus Friedenau übergesiedelt, läßt sich von seiner neuen Kreuzberger Umgebung herausfordern.

Cafe / Galerie Mora, *Großbeerenstraße 57a*

Berliner Kinomuseum, *Großbeerenstraße 57*
Neben historischen Projektoren und Plakaten sind ebensolche Filme zu bewundern: Stummfilmklassiker, Rührschinken der 30er und 40er Jahre und gelegentlich auch Neueres.

Viktoria-Apotheke, *Großbeerenstraße 52, Tel. 785 78 82*
Ein Apotheker-Kollektiv, kein verlängerter Arm der Pharma-Industrie. Neben den üblichen Medikamenten gibt es homöopathische Mittel, Kräutertees, selbsthergestellte Salben, Informationen des Gesundheitsladens (→ S. 193).
„Wir haben fast alles, was die Krankheit oder die Gesundheit nicht, günstig oder ungünstig beeinflußt. Wir beraten gern!"

Scheißladen, *Großbeerenstraße 50, Tel. 785 16 22*
Wer Hitparaden-Stars sucht, wird hier nicht fündig werden und vielleicht schon mal leise durch die Zähne fluchen (so könnte auch der werte Name des Etablissements ent-

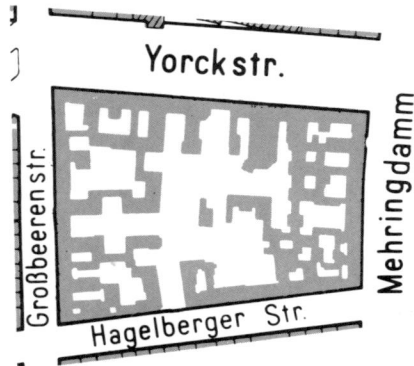

Yorckstr.

Großbeerenstr.

Mehringdamm

Hagelberger Str.

standen sein). *Dafür gibt es reichlich Platten und Cassetten, die in gewöhnlichen Läden nicht zu haben sind: Musiker, die ihre Produktionen – von Plattenkonzernen unabhängig – in die eigenen Hände genommen haben („independent labels").*

Artesania, *Großbeerenstraße 36,*
Tel. 785 58 39
Kleinkunst, Keramik, Brandmalerei.

Krakehler, *Hagelberger Straße 12, Tel. 785 16 32*
Ein Buchladen, der trotz seines vorlauten Namens im Verborgenen blüht. Wer ihn einmal für sich entdeckt hat, genießt immer wieder die ruhige und behagliche Atmosphäre. Kunst, Literatur, Aktuelles – zum Blättern und Stöbern. Manchmal bei einer Tasse Kaffee.

Rapunzel, *Hagelberger Straße 51, Tel. 786 40 40*
Naturkost, 200 verschiedene Tees, 20 Honigsorten, Biogemüse, Sesambrot aus der Ufa-Bäckerei, Kunstgewerbe.

Cafe – Teestube Machandel, *Hagelberger Straße 52*
Frauenselbsthilfe im 13. Mond (→ S. 198).

St. Bonifatiuskirche, *Yorckstraße 88*
In neugotischem Stil in die Straßenfront eingebaut (1903 – 07) mit farbiger Fensterrose über dem Mittelportal. Klosterähnliche Hofanlage mit Rundbögen, Säulen, Türmchen, Treppengiebeln und einer Statue des Heiligen Bonifatius (der durch die Bibel gestoßene Dolch symbolisiert sein gewaltsames Ende von Händen der missionsunwilligen Friesen).

Kreuzberger Rathaus, *Yorckstraße 4 – 11*
Blick über die Dächer von Kreuzberg aus der Kantine im 10. Stock.
Vor dem Eingang ein Gedenkstein zu Ehren der gefallenen Widerstandskämpfer 1933 – 1945 (→ S. 149).

Ehem. Dragonerkaserne, *Mehringdamm 20 – 30*
1850 – 53 in stilistischer Anlehnung an florentinische Renaissancebauten und normannische Wehranlagen errichtet. Einige Pferdeställe des 1. Garde-Dragoner-Regiments sind noch erkennbar.
Zur Niederschlagung des Spartakusaufstandes (1919) wurden im Innenhof unbewaffnete Parlamentäre erschossen (→ S. 128).
Seit 1920 Finanzamt.

14.

Das gelbe Licht der Gaslaternen

Gitschiner Straße

Die Anfänge öffentlicher Straßenbeleuchtung in Berlin gehen auf das Jahr 1682 zurück, als der Große Kurfürst die ersten Straßenlaternen aufstellen ließ. Auf hölzerne Pfähle montierte Öllampen, die nur spärliches Licht verbreiteten. Da ihr Brennstoff knapp und teuer war, versah man die Laternen so sparsam mit Öl, daß sie oft schon gegen Mitternacht verlöschten. Während der Sommermonate und in Vollmondnächten wurden sie überhaupt nicht entzündet.

Als nach den Befreiungskriegen (1813 – 15) Wirtschaft und Bevölkerungszahl einen schnellen Zuwachs erlebten, schienen die Öllampen den Ansprüchen nicht mehr zu genügen. Eine heftige Diskussion um die Einführung neuartiger Gaslaternen, in London und Paris schon gebräuchlich, entbrannte. Nicht nur ökonomische, juristische und medizinische Argumente führten ihre Gegner gegen sie ins Feld, nein, auch die Theologie wurde bemüht. Gasbeleuchtung ist abzulehnen, „weil sie als Eingriff in die Ordnung Gottes erscheint. Nach dieser ist die Nacht zur Finsternis eingesetzt, die nur zu gewissen Zeiten von Mondlicht unterbrochen wird. Dagegen dürfen wir uns nicht auflehnen, den Weltplan nicht hofmeistern, die Nacht nicht zum Tage verkehren wollen." Nicht zu vergessen den Gesichtspunkt der Moral. „Die Sittlichkeit wird durch Gassenbeleuchtung verschlimmert. Die künstliche Helle verscheucht in den Gemütern das Grauen vor der Finsternis, das die Schwachen von mancher Sünde abhält. Die Helle macht den Trinker sicher, daß er in den Zechstuben bis in die Nacht hinein schwelgt . . ." (Kölnische Zeitung, 1819)

Doch die Warnungen verhallten ungehört. Am 21. April 1825 schloß das Kgl. Ministerium des Innern – Gesichtspunkte der öffentlichen Sicherheit

101

und Ordnung dürften letztlich ausschlaggebend gewesen sein – mit der Londoner „Imperial Continental Gas Association" (ICGA) einen Vertrag. Darin erhielt die englische Gesellschaft für einen Zeitraum von 21 Jahren das Monopol der Berliner Gasversorgung zugesprochen. Im Gegenzug verpflichtete sie sich, ein Gaswerk zu bauen und das nötige Rohrnetz zu legen.

Schon am 19. September 1826 war es soweit: Jung und alt eilten herbei, Unter den Linden brannten die ersten Gaslaternen. Bald schon würden auch Geschäfte und Wohnungen die neue Beleuchtungsart übernehmen. Das Gas stammte aus der „Gaserleuchtungsanstalt", und die befand sich am Hellweg (heute: Gitschiner Straße) in der Luisenstadt.

Die ICGA nutzte ihr Versorgungsmonopol in der Folgezeit weidlich aus, der Gaspreis stieg auf 35,5 Pf. pro Kubikmeter. Auch weigerte sie sich, das Rohrnetz in weniger profitable Straßen der Randbezirke auszudehnen.

Der Berliner Magistrat reagierte, indem er zwei stadteigene Gaswerke bauen ließ – eines unmittelbar neben die Englische Gasanstalt. 1847 bei Erlöschen des ICGA-Monopols nahmen sie ihren Betrieb auf.

Sofort setzte die englische Gesellschaft ihren Gaspreis auf 17,7 Pf. herunter. Als die städtischen Gaswerke ihren Abnehmern denselben Preis zusicherten, gewährte die ICGA nochmals einen Rabatt von 5 Prozent. Dieser Konkurrenzkampf um die Belieferung privater Haushalte sollte noch Jahrzehnte andauern. Mit der angenehmen Folge, daß der Gaspreis in Berlin lange Zeit erheblich niedriger war als anderswo.

Heute liegt die Berliner Gasversorgung ausschließlich in Händen der stadteigenen Gasag. Wenn auch die Straßenbeleuchtung zunehmend elektrisch betrieben wird, in vielen Nebenstraßen brennen noch immer Gaslaternen. Und leicht sind sie zu erkennen an ihrem warmen, gelblichen Licht.

Englische Gasanstalt, *Gitschiner Straße (heute: Prinzenbad)*
1826 von der „Imperial Continental Gas Association" in Betrieb genommen. Auf dem Wasserweg über den Landwehrkanal wurde englische Steinkohle herangeführt. Übernahme durch die „Deutsche Gasgesellschaft AG" (1918).

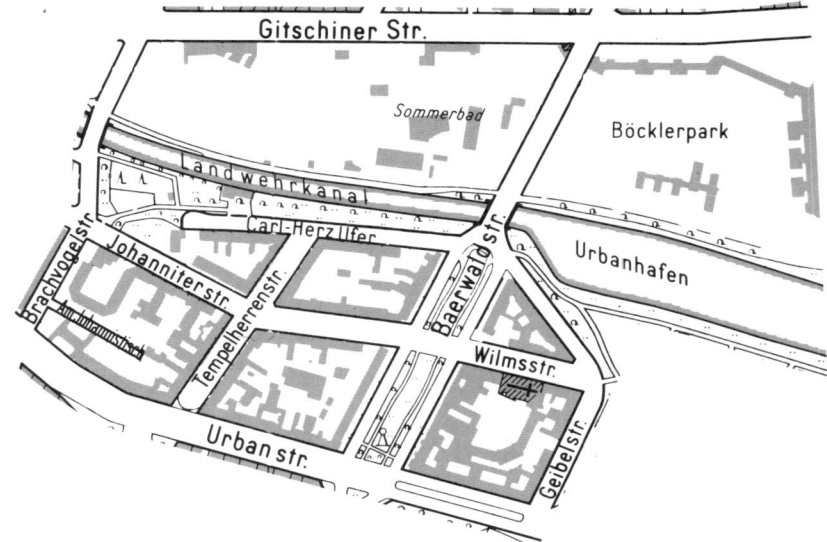

Städtisches Gaswerk, *Gitschiner Straße (heute: Wohnblöcke, Böcklerpark)*
Ging 1847 als Konkurrenz zur Englischen Gasanstalt in Betrieb. Eine Gleisverbindung
(1864) zum Schlesischen Bahnhof, später zum Görlitzer Bahnhof (→ S. 189) ermöglichte
die Versorgung mit schlesischer Kohle.
1922 wurde das veraltete Werk stillgelegt, 1952 nach erheblichen Kriegsschäden gesprengt.

Baerwaldstraße
Benannt nach C. F. Baerwald (1797 – 1871), erster Direktor der städtischen Gaswerke.

Ehem. Gasometer, *Fichtestraße 4*
1873 als Gasspeicher für das städtische Gaswerk, Gitschiner Straße, errichtet.
In den 20er Jahren stillgelegt, im Zweiten Weltkrieg Schutzbunker („Fichtebunker").
In Zukunft vielleicht ein kulturelles Stadtteilzentrum, wenn der Senat sich bereit erklärt,
die für Krisenzeiten gelagerten Bohnen- und Fleischkonserven auszuräumen.

Gaslaternen
2068 an der Zahl (Stand 1984) stehen noch in Kreuzberger Nebenstraßen: in einfacher
Rundform am Carl-Herz-Ufer, zweiarmige Kandelaber an der Baerwaldbrücke,
„Schinkelleuchten" – in Wirklichkeit nicht von Schinkel entworfen – am Planufer.

Am Johannistisch
Ein alter Flurname aus dem 15. Jh., als der Johanniterorden (Johanniterstraße) Lände-
reien von Tempelhof bis zum heutigen Landwehrkanal besaß. Die Feldarbeiter hatten an
dieser Stelle eine Unterkunft für ihre Mahlzeiten.

Die benachbarte Tempelherrenstraße weist auf den Guttemplerorden hin, Vorbesitzer selbiger Ländereien sowie des Ritterguts Tempelhof.

„Canalisation der Stadt Berlin", *Urbanstraße 177*
Von der ehem. Pumpstation 6 steht noch das Eingangstor.

Krieger-Denk-Mal, *Baerwaldstraße / Ecke Urbanstraße*
Der kalksteinerne Jüngling entstand 1828 auf Veranlassung des 2. Kaiser-Franz-Garde-grenadierregiments, dessen Kaserne sich in der Blücherstraße 46 befand (heute: Carl v. Ossietzky-Gesamtoberschule).

Florentinischer Palazzo, *Baerwaldstraße 64 – 66*
Hinter den Neo-Renaissancefassaden (1900) verbirgt sich ein Kreuzberger Hallenbad.

Katholisch-Apostolische Kirche, *Wilmsstraße 11*
Der Kuppelbau mit niedrigem Turm und vorgelagertem Atrium ist byzantinisch-normannischen Bauten Siziliens nachempfunden.

Landwehrkanal *(→ S. 63)*

Urbanhafen *(→ S. 67)*

Altes Zollhaus, *Carl-Herz-Ufer 27c (→ S. 66)*

▲ *Die Englische „Gaserleuchtungsanstalt", Gitschiner Straße (1833)*
▼ *Ehem. Gasometer, Fichtestraße*

▲ *Hochbahnbau am Wassertorplatz (1898)*
▼ *Verkehrsknotenpunkt Hallesches Tor (1901)*

15.

Von der Pferdebahn zur Hochbahn

Gleisdreieck – Schlesisches Tor

„Wer die öffentlichen Fuhrwerke beobachtet, der wird eine Gleichmäßigkeit in dem Tempo ihrer Gangart erkennen, die fast vermuten läßt, sämtliche Kutscher wären einer Schule entsprungen. Und in der Tat fahren sie ... in einem so langsamen Tempo, daß man glauben möchte, sie seien alle Mitglieder des Tierschutzvereins." So das Urteil des Berliner Jahrbuchs 1840 über die öffentlichen Verkehrsmittel, welche aus Fuhrwerken, Droschken und mehrsitzigen Kremsern bestanden. Letztere, auch „Torwagen" genannt, fuhren von den Stadttoren in die umliegenden Dörfer. Am Halleschen Tor konnte man sie stehen sehen, wie sie auf Kundschaft nach Tempelhof und Mariendorf warteten. Oder am Kottbusser Tor, wo sich die Abfahrtstelle nach Rixdorf (heute: Neukölln) befand. Feste Fahrpläne gab es nicht. „Immer eingestiegen, meine Herrschaften, hier fehlt man bloß noch eene lumpichte Person!" Erst wenn sein Wagen voll war, fuhr der Kutscher los.

Im Jahre 1846 trat mit Gründung der „Concessionierten Berliner Omnibus-Compagnie" ein neues Verkehrsmittel in Erscheinung. Doppelstöckig mit offenem Oberdeck, besaß es eine Beförderungskapazität von 18 – 25 Personen. Entsprechend billiger als die Droschken, erhob es schon im Namen (Omnibus) den Anspruch, „für alle" dazusein. Doch mancher ging lieber zu Fuß, war doch eine Fahrt im Pferdeomnibus auf dem harten Kopfsteinpflaster kein Vergnügen.

Bequemer wurde der Transport erst durch die Einführung der Pferdebahn, denn ihre geräumigen Wagen mit Platz für 50 Personen rollten auf Schienen. Die 1871 gegründete „Große Berliner Pferdeeisenbahn-Actien-

Gesellschaft" überzog die Stadt mit einem Liniennetz bis in die umgebenden Ortschaften. Eine der ersten Linien der Luisenstadt führte von der Prinzenstraße auf den Gleisen der „Verbindungsbahn" (→ S. 92) durch Gitschiner, Skalitzer und Eisenbahnstraße zur Köpenicker Straße. Auf der Strecke Hallesches Tor – Tempelhof ging es die ansteigende Belle-Alliance-Straße (heute: Mehringdamm) nur mühsam hinauf; zusätzliche Vorspannpferde standen Ecke Kreuzbergstraße bereit.

Doch trotz aller Anstrengungen, im industriell expandierenden Berlin war der Verkehr mit Pferdekräften nicht mehr zu bewältigen. Neue Antriebskräfte mußten her. Als 1882 die dampfgetriebene S-Bahn den Vorortverkehr aufnahm, fehlte noch immer ein Massenverkehrsmittel für die inneren Stadtbezirke.

Am 10. September 1896 begann mit dem ersten Spatenstich in der Gitschiner Straße der Bau einer elektrischen Hochbahn. Ausgehend vom S-Bahnhof Warschauer Brücke (heute: Ost-Berlin), sollte sie am Südrand der Innenstadt verlaufen bis hin zum S-Bahnhof Zoologischer Garten. In Kreuzberg der einstigen Stadtmauer (Schlesisches Tor, Kottbusser Tor, Hallesches Tor) folgend.

Schon der Anblick der ersten Eisenviadukte in der Gitschiner Straße löste Proteste aus. Ihre schmucklose, funktionale Form wurde als unästhetisch empfunden. Hinzu kam die Sorge der Anwohner vor Lärmbelästigung; Hausbesitzer fürchteten eine Wertminderung der Belétage. „In der Bevölkerung entstand so allmählich eine lebhafte Bewegung gegen den ganzen Hochbahngedanken, die soweit ging, daß das Niederlegen der bereits fertiggestellten Viaduktbauten vorgeschlagen wurde", registrierte Paul Wittig, Direktor der Hochbahngesellschaft. Doch dazu ist es nicht gekommen, die Firma Siemens & Halske trieb den Bau termingerecht voran. Störung des Straßenbildes und Lärm wurden den Bewohnern eines Arbeiterviertels eben zugemutet. Lediglich durch die aufwendigere Architektur einiger Bahnhöfe (Hallesches Tor, Schlesisches Tor) und durch nachträglich montierte Viaduktornamente kam man der Kritik etwas entgegen.

Ganz anders im gutbürgerlichen Charlottenburg: Ab Nollendorfplatz wird die 1902 feierlich in Betrieb genommene Hochbahn zur Untergrundbahn.

Hochbahn-Viadukte

Die Hochbahn und ihre Bahnhöfe sind am besten aus dem fahrenden Zug zu erleben. Oder bei einer Wanderung unter dem „Magistratsregenschirm", wie die vor Regen schützenden Eisenviadukte früher genannt wurden, längs der Strecke. Besonders beachtenswert: die Viaduktstützen. Meist schmucklos funktional, gelegentlich jedoch gußeisern ornamentiert.

Gleisdreieck

Entstand durch einen Hochbahn-Abzweig zum Potsdamer Platz. Als dieses Gleisdreieck einer dichteren Zugfolge nicht gewachsen war, wurde 1912 der heutige Kreuzungsbahnhof angelegt und 1926 durch eine Entlastungslinie Gleisdreieck – Nollendorfplatz ergänzt.

Möckernbrücke

Erbaut 1937 nach Abbruch des ursprünglichen Bahnhofs.

Hallesches Tor

Wegen ihrer exponierten Lage an der Ausfallstraße nach Süden wurde die Eisenkonstruktion dieses Bahnhofs (1902) durch repräsentative Sandsteinarchitektur eingefaßt (Portal, Pylonen, Kartuschen).
Nur spärliche Reste haben die Kriegszerstörungen und Umbauten überstanden.

Prinzenstraße

Erbaut 1902. Da die Enge der Gitschiner Straße eine Treppenanlage auf dem Mittelstreifen nicht zuließ, legte man die Ein- und Ausgänge links und rechts in die benachbarten Häuserfronten.

Kottbusser Tor

Nach Abbruch des ursprünglichen Bahnhofs 1929 als Umsteigebahnhof zur neuen Nord-Süd-Linie errichtet. Wie auch bei den Stationen Hallesches und Schlesisches Tor geht der Name auf ein altes Stadttor zurück (→ S. 38).

Görlitzer Bahnhof

Eisenkonstruktion mit Wellblechdach (1902) – die einfachen Formen nicht von einem Architekten sondern einem Ingenieur (Paul Wittig) entworfen; als einziger Schmuck die Arkadengliederung der verglasten Seitenwände.
Benannt nach dem einstigen Fernbahnhof. (→ S. 189).

Schlesisches Tor

Abweichend von den anderen Stationen, im Stil deutscher Renaissance errichtet (1902). Arkaden, Rundbogenfenster, Säulen, plastische Ornamente – vieles ist noch erhalten.

Anhalter Bahnhof – 1910 und 1984

16.
Anhalter Bahnhof

Askanischer Platz

Die Hirschelstraße (heute: Stresemannstraße) war in der ersten Hälfte des
19. Jh. noch so ländlich, überliefert Paul de Lagarde, „daß das Quaken der
Frösche an lauen Abenden weithin gehört wurde." Das begann sich mit
dem Bau des Anhalter Bahnhofs (1841) zu ändern. Allerdings nur ganz allmählich, wie den Erinnerungen der Agathe Nalli-Rutenberg aus den
Jahren um 1850 zu entnehmen ist: „Der Anhalter Platz (heute: Askanischer Platz) war nicht gepflastert. Wenn es regnete, standen große
Pfützen auf ihm, durch die man mühsam waten mußte, wenn man nach
der Anhalter Straße gehen wollte. Abends war dann der Platz sehr dunkel;
er wurde nur durch eine einzige, trüb brennende Laterne, die in der Mitte
desselben stand, erhellt."
„Anhalter" Bahnhof. Der Name weist auf das Fürstentum Anhalt, wohin
die Züge von hier aus verkehrten. Den Anfang machte 1841 die erste von
Borsig erbaute Dampflokomotive auf ihrer Jungfernfahrt nach Jüterbog.
Ein Jahr später waren es zwei Personenzüge täglich, die von Berlin über
Luckenwalde und Dessau nach Köthen fuhren. Ein dritter Zug, der auch
Güter beförderte und sich nachmittags in Bewegung setzte, kam vor Ein-
bruch der Dunkelheit nur bis Wittenberg; erst am nächsten Morgen
konnte es weitergehen, da Nachtfahrten als zu gefährlich galten.
In den kommenden Jahren dehnte sich das Eisenbahnnetz weiter aus, und
der Anhalter Bahnhof wurde zum Tor nach Halle, Leipzig, Dresden,
München, Stuttgart, Frankfurt. Umgekehrt strömten zunehmend mehr
Menschen ins industriell aufstrebende Berlin, meist ohne viel Gepäck und
auf der Suche nach Arbeit. Unter ihnen 1867 auch Heinrich Zille. „Es war
ein trüber, nasser Novemberabend, als meine Mutter mit mir in Berlin

ankam, mein Vater erwartete uns . . . Ein langer Weg vom Anhalter Bahnhof bis zum Osten Berlins, Andreasplatz, aber wir hatten nichts Schweres zu tragen."

Im Boom der Gründerjahre war der Bahnhof zu klein geworden. Unter Leitung des königlichen Baurats Franz Schwechten wurde im Stil nachempfundener Renaissance ein neues Gebäude errichtet (1874 – 80). Architektonisches Aufsehen erregte die grandiose Dachkonstruktion des Ingenieurs Heinrich Seidel: freitragende Eisenbögen mit einer Spannweite von 62,5 m.

Seinen Höhepunkt sollte der Anhalter Bahnhof in den 20er und 30er Jahren erreichen. 1000 Taxen täglich waren es 1936, die am Askanischen Platz auf die Ankunft der 65 Fernzüge warteten. Kurswagen direkt aus Paris, Rom, Brindisi, Prag, Belgrad, Athen. Über 100 Hotels und Pensionen hatten sich in der Umgebung angesiedelt, darunter auch das vornehme Excelsior mit eigenem Tunnelzugang zu den Bahnsteigen.

1937 war großer Bahnhof für Staatsgast Mussolini und am 6. Juli 1940 nach siegreichem Abschluß des Frankreichfeldzuges für den Führer persönlich: „Um 2 Uhr ist die Feststraße der Reichshauptstadt gerüstet. Vom Platz vor dem Anhalter Bahnhof bis zum Wilhelmplatz stehen hinter dem Spalier der Leibstandarte, der SA, des NSKK und anderer Formationen der NSDAP dichtgedrängt die Massen. Bis auf die Dächer sind die Menschen gegangen, um Zeuge des Einzugs des Führers in die Reichshauptstadt zu sein." (Originalton Großdeutscher Rundfunk). Wer hat an jenem Tage geahnt, daß sich vier Jahre später Frauen und Kinder in der von Bombentreffern durchlöcherten Bahnhofshalle versammeln würden, um evakuiert zu werden . . .

Die Nachkriegsgeschichte ist schnell erzählt. Noch ein paar Jahre fuhren Hamsterzüge mit hungrigen Berlinern zum Tauschhandel in die ländliche Umgebung. Oder „zum Kartoffelklauen nach Luckenwalde", wie sich mancher erinnert, der nichts zu tauschen hatte. Bis dann am 17. Mai 1952 der stark beschädigte Bahnhof für den Verkehr geschlossen und im November 1959 gesprengt wurde.

Am Askanischen Platz ist es still geworden. Die sterilen Hochbauten der 60er und 70er Jahre haben keine Belebung gebracht. Zwei Taxen warten an ihrem Stand, warten schon eine Weile. Woher sollen hier Fahrgäste kommen? Durch die Türhöhlen des stehengebliebenen Bahnhofsportals, aus dessen Mauerwerk jetzt kleine Birken wachsen, jedenfalls nicht.

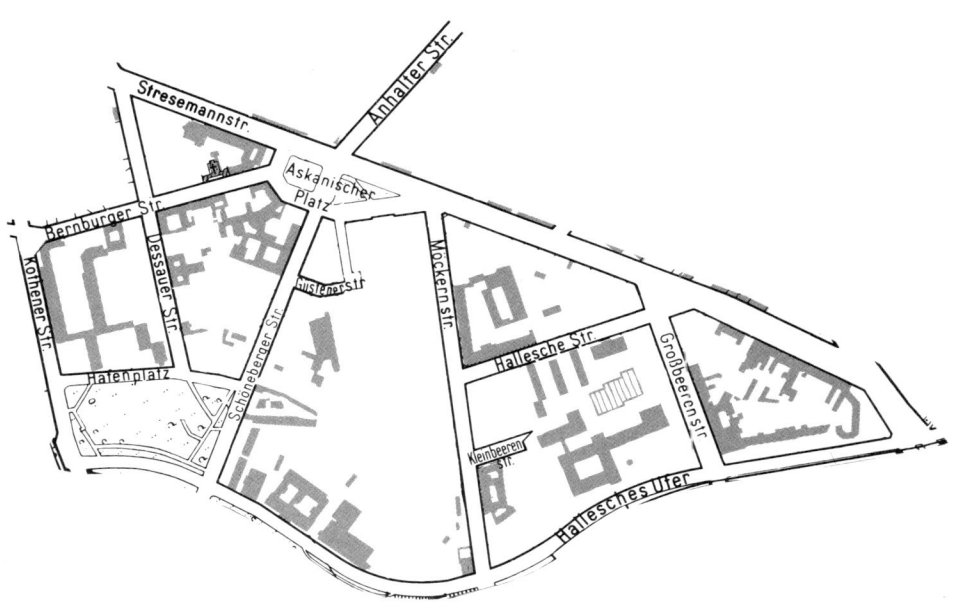

Anhalter Bahnhof

Von der Empfangshalle sind nur drei Rundbögen des Eingangsportals erhalten.
Hinter dem geräumten Trümmergelände ein Wildwuchsdschungel mit verrosteten Glei-
sen, eingestürzten Lagerschuppen, wucherndem Dickicht, Lupinen, Sauerampfer. Seine
Zukunft – Wildwuchspark, gepflegter Park oder Bebauung – ist strittig.
Seitlich ein stehengebliebener Hochbunker („Wer Bunker baut, wirft Bomben"), jetzt als
Lagerraum genutzt.

Anhaltische Straßennamen

Die Straßen um den Anhalter Bahnhof sind nach Orten in Sachsen-Anhalt benannt:
Anhalter Straße, Köthener Straße, Güstener Straße. Der Askanische Platz trägt den
Namen des anhaltischen Fürstenhauses der Askanier.

Hotel „Stuttgarter Hof", *Anhalter Straße 9*

Ein Überbleibsel der Hotelerie um den Anhalter Bahnhof. Vom Vorderhaus hat nur das
Erdgeschoß den Krieg überstanden – als Ruine mit aufgemalten Fensterattrappen. Der
Hotelbetrieb geht im Hintergebäude weiter.

KuKuCK, *Anhalter Straße 7*

Im Kunst- und Kulturzentrum Kreuzberg hatte sich 1981 die Hausbesetzerkultur Raum
geschaffen. Was wohl aus ihm geworden ist . . .
Wohnen, arbeiten, leben, Theater, Filme, Musik, Cafe, Ausstellungen, Infoladen unter
einem Dach? Oder haben sich auch hier Spekulanteninteressen mit aufwendiger Moder-
nisierung durchgesetzt?

Siemens & Halske, *Schöneberger Straße 19*
In einer Hinterhofwerkstatt legten der Ingenieur Werner Siemens und der Mechaniker J. G. Halske mit ihrer „Telegraphen-Bauanstalt" (1847) den Grundstein zu einem elektroindustriellen Imperium (→ S. 81).

Altes Pumpwerk, *Schöneberger Straße 21*
Der ornamentierte Backsteinbau samt viergliedrigem Schornstein wurde 1873 – 76 als Teil des Abwassersystems errichtet und steht unter Denkmalsschutz.

Hafenplatz
Benannt nach dem Schöneberger Hafen, 1849 in Erweiterung des Landwehrkanals (→ S. 63) an dieser Stelle angelegt. Im Zweiten Weltkrieg zerstört und durch den Ausbau des Westhafens bedeutungslos geworden, hat man ihn 1960 zugeschüttet. Heute: Mendelssohn-Bartholdy-Park.

St. Lukaskirche, *Bernburger Straße 4 – 5*
Erbaut 1859 – 61 (August Stüler), nach den Kriegszerstörungen in vereinfachter Form restauriert. Fünf Säulenarkaden mit den Statuen der Evangelisten Lukas und Matthäus.

Ehem. Kunstgewerbemuseum, *Stresemannstraße 110 (→ S. 146)*

St. Clemens, *Stresemannstraße 66*
Neoromanische Hofkirche (1911) und ehem. Kolpinghaus. Heute ein Zentrum der katholischen Ausländerseelsorge (Portugiesen, Kroaten).

Ehem. Plamannsche Erziehungsanstalt, *Stresemannstraße 30*
Turnvater Jahn und Karl Friedrich Friesen haben an diesem Progymnasium und Internat gelehrt, Bismarck hat hier 1822 – 27 die Schulbank gedrückt (Gedenktafel).

Hebbel-Theater, *Stresemannstraße 29, Tel. 251 04 45*
1908 mit wuchtiger Quaderfassade im Jugendstil erbaut, hat es als einziges von 7 Kreuzberger Theatern den Zweiten Weltkrieg überdauert.

Anti-Kriegs-Museum, *Stresemannstraße 27, Tel. 402 86 91*
1923 von dem Pazifisten Ernst Friedrich in der Parochialstraße gegründet, 1933 von SA verwüstet, 1982 vom Enkel Tommy Spree neu eröffnet.
Neben der ständigen Ausstellung über Kriegsgreuel und ihre Verharmlosung wechselnde Dokumentationen.

Frauenzentrum, *Stresemannstraße 40 (→ S. 198)*

▲ KuKuCK, Anhalter Straße (1983)
▼ Leben und leben lassen, Stresemannstraße

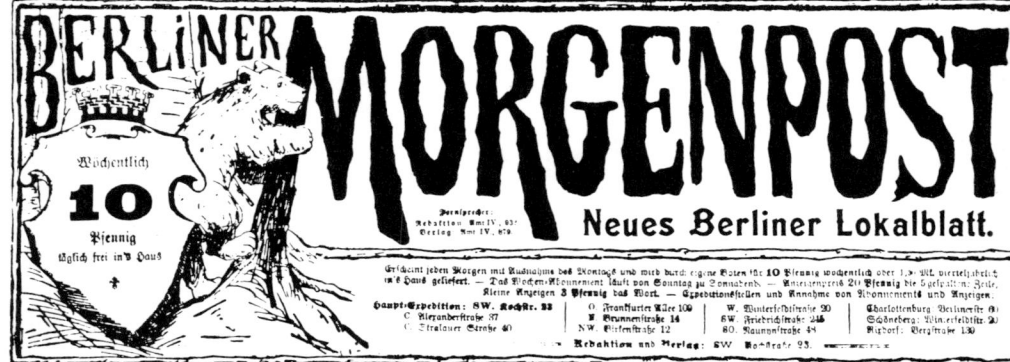

BERLINER MORGENPOST

Wöchentlich **10** Pfennig täglich frei in's Haus

Fernsprecher: Redaktion Amt IV, 93? Verlag Amt IV, 879.

Neues Berliner Lokalblatt.

Erscheint jeden Morgen mit Ausnahme des Montags und wird durch eigene Boten für **10 Pfennig** wöchentlich oder 1,50 Mk. vierteljährlich in's Haus geliefert. — Das Wochen-Abonnement läuft von Sonntag zu Sonnabend. — Anzeigenpreis 20 **Pfennig** die 5 gespaltene Zeile, Kleine Anzeigen **3 Pfennig** das Wort. — Expeditionsstellen und Annahme von Abonnements und Anzeigen:

Haupt-Expedition: SW. Kochstr. 23	O. Frankfurter Allee 109	W. Winterfeldtstraße 20	Charlottenburg: Berlinerstr. 60
C. Alexanderstraße 37	N. Brunnenstraße 14	SW. Friedrichstraße 245	Schöneberg: Winterfeldtstr. 20
C. Stralauer Straße 40	NW. Birkenstraße 12	SO. Naunynstraße 48	Rixdorf: Bergstraße 130

Redaktion und Verlag: SW. Kochstraße 23.

Nr. 1. | Berlin, 20. September 1898. | 1. Jahrgang.

Zur Nachricht.

Die „Berliner Morgenpost“ ist eine **täglich** erscheinende Zeitung.

Die „Berliner Morgenpost“ ist für **10 Pfennig wöchentlich** zu abonniren.

Die „Berliner Morgenpost“ wird auf Wunsch zur Probe bis 1. Oktober **gratis** geliefert.

Neueste Depeschen.

Zur Dreyfuß-Affaire.

Paris, 19. September. Die Jahresversammlung des Freimaurer-Konvents nahm

Haag, 19. September. Das in der auswärtigen Presse verbreitet gewesene Gerücht von einem der Königin Wilhelmina Ende August während ihres Aufenthalts in Soestdijk begegneten Zwischenfalls ist völlig grundlos

Parteinehmer — nicht Parteigänger.

Wer in den schweren politischen Kämpfen unserer Zeit nicht Partei nimmt, ist ein Uebel, dem Urmenschen - Respekt vor dem Unter gang einfachen Verhältnissen nämlich,

Ullstein Verlag, Kochstraße/Ecke Charlottenstraße (1926)

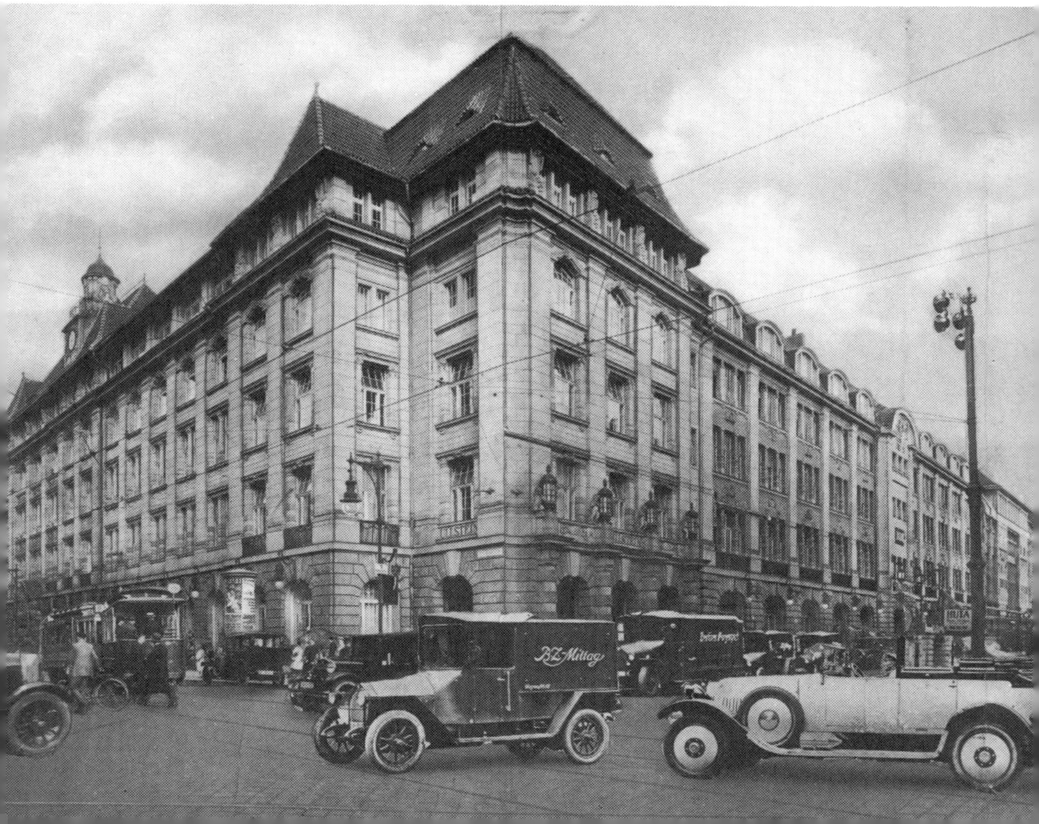

17.
Im Zeitungsviertel

Kochstraße

In der Urkunde zur Grundsteinlegung des Verlagshauses Axel Springer heißt es: „Von dieser historischen Stätte aus, die durch die Begriffe Kochstraße, Zimmerstraße, Jerusalemer Straße gekennzeichnet wurde, sind geistige Impulse in das ganze Land hinausgegangen. Hier schlug das Herz des Berliner Zeitungsviertels. Hier sammelte sich die Elite des deutschen Journalismus." Wahrlich eine große Tradition, an die man da anknüpfen will.

Kochstraße, Zimmerstraße und Jerusalemer Straße – sie bildeten einmal das Zentrum des alten Zeitungsviertels. 114 Tageszeitungen erschienen im Berlin der späten 20er Jahre. Morgenzeitungen, Mittagszeitungen, Abendzeitungen. Geschrieben, gedruckt, gelesen, geschrieben, gedruckt – nichts war am Abend so alt wie die Mittagszeitung. Und die großen Drei im Zeitungsgewerbe, das waren die Verlagshäuser Ullstein, Mosse und Scherl.

Leopold Ullstein (1826 – 99), Sohn eines Fürther Papiergroßhändlers, war 1848 nach Berlin gekommen, um ein eigenes Geschäft zu eröffnen. Der Handel florierte, so daß er 1877 das „Neue Berliner Tageblatt" samt Druckerei, Zimmerstraße 94, erwerben und in die Zeitungsbranche einsteigen konnte. Als Mitglied und zeitweilig Stadtverordneter der Fortschrittspartei besaß er nun die Möglichkeit, seine liberale politische Einstellung auch publizistisch zu verfechten.

Doch die Pressezensur zur Zeit des Sozialistengesetzes (1878 – 90) richtete sich nicht nur gegen die sozialdemokratischen Blätter. Auch die „Berliner Zeitung", Ullsteins zweites verlegerisches Projekt, sah sich obrigkeitsstaatlichen Repressalien ausgesetzt. „Nicht nur, daß wir Hunderte und Tausende an Geldwert gezahlt, unsere Redakteure haben monatelang mit persönlicher Freiheit gebüßt für das, was ihnen im überschäumenden Gefühl des Unmuts aus der Feder floß." Jede politische Kritik galt als Beleidigung und wurde strafrechtlich verfolgt; wenn nicht gleich als Majestätsbeleidigung, so zumindest als Beleidigung von Reichskanzler Bismarck.

Trotz Prozeßwelle und gelegentlicher Beschlagnahmungen, die Auflage der Berliner Zeitung stieg. Als 1881 die Räumlichkeiten zu eng wurden, zogen Redaktion und Druckerei eine Straßenecke weiter in die Kochstraße 23. Steigende Auflagen erforderten neue Rotationsmaschinen, die größeren Druckmaschinen zu ihrer Auslastung neue Zeitungsgründungen. Die drei wichtigsten: „Berliner Illustrirte" (1894), „Berliner Morgenpost" (1898), „BZ am Mittag" (1904).

In der Jerusalemer Straße 46 – 49 stand das Verlagshaus von Rudolf Mosse (1843 – 1920). Angefangen hatte dieser im Anzeigengeschäft mit seiner 1867 eröffneten Annoncen-Expedition. Mosse vermittelte der Presse Inserenten und verdiente ein Vermögen. Mit diesem Geld gründete er 1871 seine erste eigene Zeitung, das „Berliner Tageblatt". Zwei weitere würden folgen: die „Berliner Morgen-Zeitung" (1889) und die „Berliner Volkszeitung" (1904), beide liberal in der Grundausrichtung.

In der Zimmerstraße residierte der dritte Große des Berliner Zeitungsgeschäfts, August Scherl (1849 – 1921). Die Grundlagen des Metiers hatte er bei seinem Vater gelernt, einem Drucker und Kleinverleger aus der Naunynstraße. Den verlegerischen Durchbruch schaffte Scherl 1883 mit der Gründung des „Berliner Lokal-Anzeigers". Nach dem Vorbild amerikanischer Zeitungen verzichtete er auf kenntnisreiche Hintergrundartikel und bot einem breiten Leserpublikum kurze, interessante News.

Im Ersten Weltkrieg unterlag die Presse einer strengen Zensur, die erst am 9. November 1918 fiel. „Der Kaiser hat abgedankt", die BZ am Mittag wurde den Verkäufern aus den Händen gerissen. Scheidemann und Liebknecht riefen zwei Republiken aus, demonstrierende Arbeiter drangen in die Verlagshäuser ein. Der Lokal-Anzeiger wurde für einige Tage zur „Roten Fahne", die Berliner Allgemeine Zeitung vom 10. November trug den fett gedruckten Zusatz: „Erscheint auf Anordnung des A.- und S.-Rates ab heute als Organ der Unabhängigen Sozialdemokratischen Partei."

Vorwärts-Gebäude, Lindenstraße (1930)

Wenige Wochen später kam es zu einer zweiten Besetzung des Zeitungsviertels. Am 5. Januar 1919 zu Beginn des Spartakus-Aufstandes brachten
revoltierende Arbeiter und Soldaten die Verlagshäuser Scherl, Ullstein,
Mosse, das Wolffsche Telegraphenbüro, die Druckerei Büchsenstein und
den sozialdemokratischen „Vorwärts" unter ihre Kontrolle. Um Notaus-
gaben und Flugblätter zu drucken. Trotz Verbarrikadierung und Verteidi-
gung mit schweren Maschinengewehren, gelang den Regierungstruppen
Noskes am 11. Januar die Rückeroberung.
In den späten 20er Jahren erreichte die Berliner Zeitungsvielfalt ihren
Höhepunkt.
114 Tageszeitungen, deren politisches Spektrum in feinen Abstufungen
von kommunistisch über sozialdemokratisch, liberal, konservativ,
deutschnational bis faschistisch reichte. Während die Verlage Ullstein und

Mosse für die Weimarer Republik eintraten, wurde diese von der Hugenbergpresse erbittert bekämpft. Alfred Hugenberg – Geheimrat im Finanzministerium, Direktor der Krupp AG, Vorsitzender der Deutschnationalen Partei – hatte den zum Verkauf stehenden Scherl Verlag 1913 mit Geldern der rheinischen Schwerindustrie aufgekauft und noch weiter nach rechts gerückt. In jahrelanger Polemik gegen die Verträge von Versailles, Rapallo und Locarno, gegen Dawes- und Youngplan haben seine Blätter Hitler den Weg bereitet.

Am 3. Februar 1945 wurde das Zeitungsviertel beim schwersten Bombenangriff auf die Berliner Innenstadt in Trümmer gelegt. Gestorben war es jedoch schon Jahre zuvor, als die Verlagshäuser in die Hände der Nazis fielen: die sozialdemokratischen und kommunistischen durch Enteignung, die übrigen durch „Entziehung". 6 Millionen Reichsmark erhielten die Ullsteins für ihren Verlag, ein Zehntel des eigentlichen Wertes. Ähnlich erging es dem Mosse Verlag, lediglich Hugenberg wurde großzügig abgefunden.

Wer heute durch die Straßen des alten Zeitungsviertels geht, wird die Namen Mosse und Scherl nicht mehr finden. Sie sind für immer untergegangen. Wieder aufgelebt ist der Ullstein Verlag, allerdings in Liaison mit Axel Cäsar Springer. 1949 war Rudolf Ullstein aus dem englischen Exil zurückgekehrt und hatte vor Gericht die übrig gebliebenen Reste seines Familienbesitzes eingeklagt. 1956 fusionierte er das Unternehmen mit besagtem Hamburger Großverleger.

Doch das Zeitungsviertel ist unwiederbringlich verloren, auch wenn BZ und Morgenpost in veränderter Form neu erschienen sind und an der Kochstraße ein Verlagshaus mit 20 Stockwerken steht.

Ullstein Verlag

Ausgehend vom Hinterhof des Grundstücks Kochstraße 23 im Jahre 1881, expandierte der Verlag nach allen Seiten, so daß er auf seinem Höhepunkt in den 20er Jahren fast den gesamten Häuserblock Kochstraße-Charlottenstraße-Markgrafenstraße-Besselstraße umfaßte.

Heute befindet er sich, fusioniert mit Axel Springer, in der Kochstraße 50; die Ullstein-Buchverlage haben ihren neuen Sitz in der Lindenstraße 76/77.

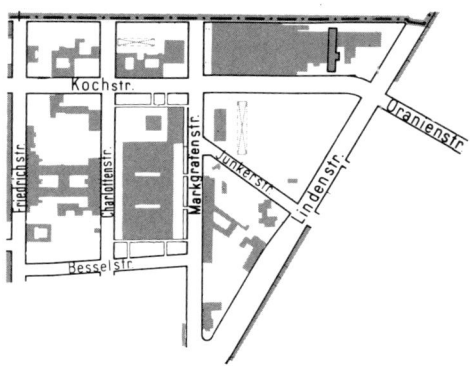

Graphisches und Gewerbe-Zentrum
Auf dem alten Ullsteingelände, die Verlagsgebäude wurden im Krieg zerstört, haben sich eine Anzahl graphischer Betriebe angesiedelt.

Springer Verlag, *Kochstraße 50*
Verlagshaus und Druckerei wurden bewußt an dieser Stelle errichtet (1961 – 66): Auf dem traditionsreichen Boden des früheren Scherl Verlags und unmittelbar an der Mauer. Mit Bild, BZ, Morgenpost und Welt ein wahres Bollwerk des Freien Westens.

Scherl Verlag
Einst Zimmerstraße 40 (heute Grundstück des Springer Verlags).

Mosse Verlag
Befand sich als fünfstöckiger Eckhauskomplex an der Jerusalemer Straße 46 – 49 / Schützenstraße 20 – 25, nördlich des heutigen Springer Verlags (heute: Ost-Berlin).

Vorwärts
Verlagsgebäude und Druckerei des sozialdemokratischen Zentralorgans hatten ab 1902 ihren Sitz in der Lindenstraße 69 / Ecke Kochstraße.
1906 Umzug in die Lindenstraße 3 (→ S. 126).

Wolffsches Telegraphenbüro, *Charlottenstraße / Ecke Zimmerstraße*
1849 gegründet, entwickelte es sich zur bedeutendsten deutschen Nachrichtenagentur; allerdings „halbamtlich" mit enger Verbindung zur Reichsregierung.

Bundesdruckerei, *Oranienstraße 91*
Aus der Königlichen Geheimen Oberhofdruckerei (gegründet 1765), der Preußischen Staatsdruckerei (1852) und der Reichsdruckerei (1879) hervorgegangen, druckt sie Banknoten, Briefmarken, Führerscheine, Gesetzesblätter etc.

Allgemeiner
Deutscher Arbeiter-Verein.
№ *[handwritten]*

Mitglieds-Karte

für Herrn *Benno Scholz*

eingetreten am *16 Januar* 18*69*

Im Auftrage des Präsidenten
der Bevollmächtigte: *W. Hasenclever*

Berlin 1871.

№

Legitimation.

Der Inhaber dieses ist beauftragt,
die **Controlle** in Betreff des **Boykott-
Bieres** auszuführen.

IV. Wahlkr.(Ost).   **Die Boykott-Kommission.**

$

18.
Der lange Weg
der Arbeiterbewegung

Berlin ist in der zweiten Hälfte des 19. Jh. nicht nur zu einem Industrie-
zentrum, sondern auch zu einem Zentrum der Arbeiterbewegung herangewachsen. Und viele Schauplätze ihrer Versammlungen, Kämpfe und
Streiks sind in den alten Handwerker- und Arbeitervierteln Luisenstadt
und Tempelhofer Vorstadt, dem späteren Kreuzberg, zu finden.

Die Anfänge des Allgemeinen Deutschen Arbeitervereins (ADAV), 1863
von Ferdinand Lassalle gegründet, sind schwierig. Viele Arbeiter fühlen
sich durch die bürgerlich linksliberale Fortschrittspartei vertreten und
müssen mühsam gewonnen werden. In ungezählten Versammlungen,
von denen einige im Lokal Alhambra, Weinbergstraße 6 – 7 (heute: Bergmannstraße), stattfinden, werden die Fronten geklärt. So am 1. Oktober
1865, als der Fortschrittler Schulze-Delitzsch einen Vortrag über „Prinzip
und Wert der freien Arbeit" hält, und am 8. und 15. Oktober, als der
ADAV-Vorsitzende Schweitzer am gleichen Ort darauf antwortet.
Präsidium und Sekretariat des ADAV haben ihren Sitz am Hellweg 7
(heute: Gitschiner Straße). Dort befindet sich auch die Redaktion des ver-
einseigenen „Social-Demokrat", der noch 1868 in Berlin nur bescheidene
224 Abonnenten aufweisen kann.

26. September 1868 — Im großen Saal des Vauxhall-Etablissements,
Dresdener Str. 96, tagt auf Initiative des ADAV ein Arbeiterkongreß mit
Delegierten aus 110 Orten. 10 Einzelgewerkschaften (Buchbinder, Bäcker,
Schuhmacher, Gerber, Lederarbeiter, Zimmerer u. a.) und ein Zentral-
verband werden an diesem Tag ins Leben gerufen.
Die nicht zum Zuge gekommenen Anhänger der Fortschrittspartei ver-

sammeln sich am 11. Oktober im Cafe Engelhardt, Lindenstraße 54, um unter Leitung der Liberalen Max Hirsch und Fritz Duncker die später nach ihnen benannten „Hirsch-Dunckerschen Gewerkvereine" zu konstituieren.

Auch die Sozialdemokratische Arbeiterpartei, 1869 von August Bebel und Wilhelm Liebknecht in Eisenach gegründet, hat es zu Anfang schwer in Berlin. Der inzwischen gutorganisierte ADAV will keine konkurrierende Arbeiterpartei neben sich gelten lassen und stört regelmäßig ihre Versammlungen. So auch am 4. Juli 1869 im Cafe Engelhardt, wo ADAV-Mitglieder schon frühzeitig den Veranstaltungsraum besetzen, um eine eigene Resolution zu verabschieden.

Auf dem Vereinigungsparteitag in Gotha 1875 schließen sich beide Seiten zur Sozialistischen Arbeiterpartei zusammen.

10. Januar 1877 — Reichstagswahl.
In der Tivoli-Brauerei am Fuße des Kreuzbergs (heute: Schultheiß-Brauerei, Methfesselstraße) feiern am Wahlabend die Sozialdemokraten. „Es waren nach polizeilicher Schätzung nicht weniger als zweiundzwanzigtausend Mann dort versammelt", schreibt der bürgerliche Berliner Börsen-Courier, „zweiundzwanzigtausend Mann, die stundenlang geduldig auf die Mitteilung der Ergebnisse des Wahlkampfes harrten, und die dann mit einem wahren Fanatismus, mit Hurrarufen und mit Gesang der Arbeitermarseillaise die Resultate der Wahlen, die ihnen den Sieg verkündeten, begrüßten."

Zwei Sozialdemokraten werden nun die Berliner im Reichstag vertreten: Im 6. Wahlkreis, im Oranienburger Maschinenbauerviertel, der Abgeordnete Hasenclever und im 4. Wahlkreis, zu dem auch die Luisenstadt (heute: Kreuzberg 36) gehörte, der Abgeordnete Fritzsche.

Für zwei Attentatsversuche auf den Kaiser (Mai/Juni 1878) werden die Sozialdemokraten fälschlich verantwortlich gemacht. Repression setzt ein. Arbeiter der Nähmaschinenfabrik Frister & Roßmann, Skalitzer Straße 134/135, werden entlassen mit der Begründung: „Sie haben ihre Stimme ja doch nur den Sozialdemokraten gegeben."

Die Wirtin des Kaiser-Wilhelm-Garten, Belle-Alliance-Straße 87 (heute: Mehringdamm), erhält die polizeiliche Anordnung, das Namensschild des Lokals innerhalb von drei Stunden „bei Vermeidung exekutorischen

Abnehmens" zu entfernen. Als Strafe, da sie im Wahlkampf ihren Versammlungssaal den Sozialdemokraten zur Verfügung gestellt hat.

22. Oktober 1878 — Der Reichstag verabschiedet auf Betreiben Bismarcks das Sozialistengesetz „gegen die gemeingefährlichen Bestrebungen der Sozialdemokratie". Es ermächtigt die Polizei zur Beschlagnahme ihrer Zeitungen, zur Auflösung ihrer Versammlungen, zum Verbot ihrer Vereine und zur Ausweisung aktiver Parteimitglieder.
Der Social-Demokrat wird nun im Züricher Exil gedruckt und auf geheimen Wegen nach Berlin geschmuggelt. Vergeblich versucht die Polizei, den Vertrieb zu unterbinden. Auch Heinrich Vogel, Drogist in der Prinzenstraße, steht unter Beobachtung. Als am 20. Dezember 1879 eine Kundin seinen Laden mit einem Päckchen unter dem Arm verläßt, wird sie festgenommen und auf verbotene Schriften visitiert – ergebnislos.
294 Berliner Sozialdemokraten werden in den Jahren des Sozialistengesetzes ausgewiesen, unter ihnen auch 10 Mitglieder des Zentralkomitees. Eduard Bernstein berichtet über ihre Abreise am 15. Juli 1882: „Gegen 1000 Menschen drängten sich zur bestimmten Zeit im Vorsaal und Wartesaal des Anhalter Bahnhofs, von diesen Vertrauensmännern Abschied zu nehmen, und als plötzlich der Polizeileutnant Henke auf einen Tisch trat und Ruhe gebot, antworteten ihm stürmische Hochs auf die Sozialdemokratie und ward die Arbeitermarseillaise angestimmt. Jetzt forderte der Polizeileutnant zur Räumung auf, die Polizisten aber begegneten ziemlich energischem Widerstand, worauf sie mit Gewaltanwendung vorgingen, in rücksichtslosester Weise die Plempe gebrauchten und die Frau des ausgewiesenen Arbeiters Hertel an den Haaren aus dem Wartesaal hinausschleppten."
22. Oktober 1888 — Zehn Jahre Sozialistengesetz. Die Berliner Sozialdemokraten begehen diesen Tag mit Flugblättern und Wandparolen. Besonderes Aufsehen erregt eine rote Fahne mit der Aufschrift: „Schandgesetz 1878 – 1888". Sie weht aus einem Fenster des Hauses Gneisenaustraße 23 – in demselben Haus befindet sich auch ein Polizeirevier.
1890 wird das Sozialistengesetz vom Reichstag nicht mehr verlängert; sein Scheitern ist durch die zunehmenden sozialdemokratischen Wählerstimmen von Wahl zu Wahl offenbarer geworden. Die Ausgewiesenen können nach Berlin zurückkehren und werden am 30. September im Konzerthaus Sanssouci, Kottbusser Straße 4, in der Bockbrauerei, Fidicinstraße 2/3, sowie an anderen Orten freudig gefeiert. Am nächsten Morgen folgt im

Gründelschen Lokal, Dresdener Straße 116, für alle Ausgewiesenen ein gemeinsames Festfrühstück.

1890 — In der Katzbachstraße 9 richtet die wieder legal gewordene Sozialdemokratie ihre Zentrale ein (Sitz des Parteivorstands).

Reichstagswahl 1893 – Die SPD erobert zum ersten Mal den 3. Wahlkreis, bisher von der linksliberalen Freisinnigen Partei gehalten. Zu ihm gehörten große Teile der Tempelhofer Vorstadt und südlichen Friedrichstadt (heute: Kreuzberg 61).

1901 — Das sozialdemokratische Zentralorgan „Vorwärts" erhält im Zeitungsviertel, Lindenstraße 69, eine eigene Druckerei. Auch der Parteivorstand zieht in das neuerrichtete Gebäude.

15. November 1906 — In der Lindenstraße 3 öffnet die SPD-„Reichsparteischule" ihre Pforten. Sie bietet Parteifunktionären Schulungsprogramme in Ökonomie (Rosa Luxemburg), Geschichte (Franz Mehring), Arbeiterrecht etc.
Die Redaktion des Vorwärts findet hier neue Arbeitsräume.

29. Juli 1914 — Auf dem Hermannplatz wird eine Anti-Kriegs-Demonstration von der Polizei gewaltsam aufgelöst. Wenige Tage später erklärt die Reichsregierung Rußland und Frankreich den Krieg; die sozialdemokratische Reichstagsfraktion bewilligt die Kriegskredite.

Aus Protest gegen die Kriegsunterstützung der SPD kommt es zu linken Abspaltungen: „Unabhängige Sozialdemokratische Partei Deutschlands" (USPD) und „Spartakusbund" mit geheimer Zentrale im Photographischen Atelier Stiller, Blücherplatz 2.

8. November 1918 — Am Halleschen Tor zieht das Vierte Jägerregiment, mit Maschinengewehren und leichter Feldartillerie bewaffnet, zum Schutz der alten Ordnung in Berlin ein. Doch als am 9. November demonstrierende Arbeiter den Kaiser zur Abdankung zwingen, schließt es sich der Revolution an.
Ein „Rat der Volksbeauftragten" aus Vertretern von SPD und USPD übernimmt die Regierung.

Rotfrontkämpferbund Süd-Ost (1928)

5. – 12. Januar 1919 — Spartakusaufstand für eine sozialistische Räterepublik.

Am Abend des 5. Januar besetzen bewaffnete Arbeiter das Zeitungsviertel (→ S. 117): die bürgerlichen Verlagshäuser Ullstein, Mosse und Scherl, das Wolffsche Telegraphenbüro, den sozialdemokratischen Vorwärts. Am 6. Januar folgt die Besetzung der Reichsdruckerei (heute: Bundesdruckerei) in der Oranienstraße 91. Die Pionierkaserne, Köpenicker Straße / Ecke Eisenbahnstraße, wird ebenso gestürmt wie das benachbarte Proviantmagazin des Gardekorps.

Am 11. Januar kommt der Gegenschlag der sozialdemokratischen Regierung Ebert. Unter Reichswehrminister Noske („Einer muß der Bluthund sein...") erobern die Truppen das Zeitungsviertel zurück. Besonders heftig umkämpft ist das Vorwärts-Gebäude in der Lindenstraße, erst nach schwerem Artilleriebeschuß geben die Spartakisten auf. Sieben Parlamentäre, die mit weißer Fahne die Übergabe aushandeln wollen, werden in die nahegelegene Dragonerkaserne gebracht, Belle-Alliance-Straße (heute: Mehringdamm 20 – 30), und im Innenhof erschossen.

13. – 17. März 1920 — Kapp-Putsch von rechts.

Am Morgen des 13. März marschiert die Marinebrigade Erhardt in Berlin ein und erklärt den Gründer der Deutschen Vaterlandspartei, Wolfgang Kapp, zum Reichskanzler. Die Regierung Ebert flieht. Das Wolffsche Telegraphenbüro berichtet am 14. März: „Die Straßen Berlins waren heute außerordentlich belebt. Ungeheure Menschenmassen sammelten sich besonders am Görlitzer Bahnhof, am Potsdamer Platz, am Alexanderplatz und Unter den Linden. Überall traten Agitationsredner auf . . ." Am 15. März kommt es zu ersten Zusammenstößen. Soldaten auf einem Lastwagen, die am Halleschen Tor von einer Menschenmenge umringt werden, geben Feuer. Mehrere Tote bleiben auf dem Straßenpflaster zurück. Am 16. März wird am Oranienplatz ein Leutnant der Reichsdruckerei-Besatzung von Arbeitern überwältigt und in den Luisenstädtischen Kanal geworfen. Am 17. März bricht das Kapp-Regime unter dem Druck des ausgerufenen Generalstreiks zusammen.

Die Arbeiterbewegung der 20er und frühen 30er Jahre wird geschwächt vom ideologischen Streit zwischen SPD und Kommunistischer Partei. Die Kreuzberger KPD ist in 44 Betriebs- und 66 Straßenzellen organisiert. „Der rote Südosten" heißt die parteieigene Stadtteilzeitung, schon für einen Sechser erhältlich. Auch zahlreiche Kneipen gehören zur kommunistischen Infrastruktur: Bei Helmut, Görlitzer Straße 58; Tante Emma, Gneisenau-/Ecke Schleiermacherstraße; Tante Martha, Nostitzstraße 16. Bei der SA besonders gefürchtet, die schlagkräftige RFB-Gruppe (Roter Frontkämpferbund) mit Stammlokal in der Forster Straße 4. Sport treibt man im Arbeitersportverein Fichte, der ein eigenes Sportgeschäft („Fichte-Konsum") in der Köpenicker Straße 108 besitzt. Und für Arbeitslose hat die Partei in der Wrangelstraße 56 eine „Volksküche" eingerichtet. KPD-Reichstagswahlergebnisse in Kreuzberg: 1928 (25,1%), 1930 (29,2%), Juli 1932 (30,1%), November 1932 (34,5%). SPD-Reichstagswahlergebnisse in Kreuzberg: 1928 (35,5%), 1930 (28,7%), Juli 1932 (28,3%), November 1932 (24,2%).

WÄHLT
S.P.D.
Liste 1

KPD.
räumt
auf!

Wählst Du diese Liste
verraten bist

Diese
Unsummen
verlangen; bekommen
die Bonzen der
Republik

und Du?
verhungerst!
Liste 4!

WÄHLT
K.P.D. Liste 4

▲ *KJVD-Versammlungslokal (1930)*
▼ *Graffiti 1932*

19.
Kommunistische Jugend

Nostitzstraße

„Und denn stand mal eene Stelle inner Zeitung, wurd'n Elektriker jesucht, det war an der Yorckstraße. Da kam ick hin, da warn mindestens 60, die da standen! War ja gar keene Möglichkeit", erinnert sich Hans R. aus der Nostitzstraße (Kreuzberg 1933, S. 63).

Über 50% der Kreuzberger Jugendlichen zwischen 14 und 25 Jahren waren 1932 arbeitslos. Auch wer das Glück hatte, eine Lehrstelle zu finden, erhielt nach Abschluß oft keine Anstellung. Vom Elternhaus, meist selbst von Arbeitslosigkeit betroffen, war wenig Hilfe zu erwarten, und Arbeitslosengeld stand ihnen nicht zu, wenn sie noch kein festes Arbeitsverhältnis besessen hatten. Da blieben nur Gelegenheitsarbeiten als Straßenverkäufer, Zettelverteiler, Botenjunge, Teppichklopfer – und die karge Unterstützung des Wohlfahrtsamtes.

„Im Bezirksamt Kreuzberg, Yorckstraße 11, kam es heute vormittag zu Ausschreitungen erwerbsloser Jugendlicher, die die Korridore besetzt hielten, dauernd 'Rot Front' und 'Hunger' riefen und nicht mehr abzuziehen drohten, bis Bürgermeister Herz ihre Forderungen nach Auszahlung sofortiger Beihilfen erfüllt haben würde. Da die Menge auf den Korridoren dauernd Zuzug von der Straße erhielt und ein geregelter Bürobetrieb nicht mehr möglich war, wurde die Polizei alarmiert, die schließlich die Erwerbslosen aus dem Gebäude hinausdrängte." (Berliner Tageblatt, 21. 12. 1932)

Es herrschte Hunger, und viele Kreuzberger Kinder gingen täglich zur Heilsarmee, Bergmannstraße 91, wo nach der Andacht Kuchenbrötchen ausgeteilt wurden. Ältere Jugendliche griffen in Lebensmittelläden gelegentlich zur Selbsthilfe. „Gegen Viertel 12 Uhr vormittags zertrümmerten

12 Burschen die Schaufensterscheibe des Buttergeschäftes Thürmann in der Großbeeren-, Ecke Hagelberger Straße. Unter 'Hunger'-Rufen räumten sie den Laden aus und verschwanden mit beträchtlichen Mengen Lebensmitteln." (Vossische Zeitung, 21. 12. 1932)

Was arbeitslose Jugendliche reichlich besaßen, war freie Zeit, und die verbrachten sie meist auf der Straße. Um aus den Mietskasernen der Nostitzstraße herauszukommen, trieb man sich mit Vorliebe im Fortuna Park herum, einem Rummelplatz an der Belle-Alliance-, Ecke Dreibundstraße (heute: Mehringdamm, Ecke Dudenstraße). Wer gerade ein paar Groschen hatte, ging ins Kino, ins Rivoli oder Marabu an der Bergmannstraße. Oder man lieh sich für 25 Pf. pro Stunde ein Fahrrad und veranstaltete Radrennen rund um den Chamissoplatz.

Doch gab es auch andere Aktivitäten. So überklebten Mitglieder des Kommunistischen Jugendverbandes (KJVD) in nächtlicher Aktion sämtliche Schilder der Nostitzstraße. „Thälmannstraße" hieß sie für einen Tag, diese rote Straße, deren Bewohner 1930 und 1932 zu über 50% KPD wählten. Walter Schönstedt, KJVD-Funktionär, hat in seinem Roman „Kämpfende Jugend" die politische Arbeit der Straßenzelle Nostitzstraße dokumentiert.

Krisensommer 1931. Im Vereinszimmer der Kellerkneipe „Tante Martha", Nostitzstraße 16, ist Gruppenabend. Unter einer Leninbüste mit Baldachin berät man, wie noch mehr Jugendliche für die Partei zu gewinnen sind. Hinterhofagitation mit Schalmeienkapelle, Flugblatt- und Plakataktionen: Alles schon oft praktiziert. Man will sich etwas Neues einfallen lassen und beschließt die Herausgabe einer Kiez-Zeitung. „Der junge Wühler" soll sie heißen und in Form und Inhalt auf den Nostitzkiez zugeschnitten sein.

Auf einem klapprigen Abziehapparat wird die erste Nummer in 300 Exemplaren herausgebracht. „Werktätige Jugend – Vorwärts! In allen Städten, auf allen Straßen, in allen Dörfern Deutschlands herrschen Hunger und Not. Millionen Unterdrückte sammeln sich zur Volksrevolution gegen den Faschismus, für den Sozialismus unter Führung der Kommunisten. Das Volk kennt keine Gesetze mehr, das Volk meutert. Das Volk hat keine Angst vor den Pistolenläufen der Bourgeoisie. Das herrschende System klappert in seinen Fugen . . ."

In der Nostitzstraße formiert sich wieder einmal ein Demonstrationszug, überquert die Bergmannstraße, biegt in die Arndtstraße ein. Kommunistischer Jugendverband, Arbeitslose, ein paar Kinder hinterher. „Nieder mit

. . . *50 Jahre später*

dem Demonstrationsverbot! Wir wollen Arbeit und Brot!" Hinter dem
Chamissoplatz stellen sich zwei Schupos in den Weg, werden jedoch beiseite gedrängt. Von der Friesenstraße rast ein Überfallwagen mit Blaulicht
und Sirene heran. Gummiknüppel werden geschwungen, die eine oder
andere Faust hält dagegen. Schließlich rennen die Demonstranten in Richtung Nostitzstraße zurück, verdrücken sich allmählich in die Hauseingänge. Bis spät nachts noch patrouillieren Überfallwagen auf und ab.

Doch häufiger als mit der Polizei schlägt man sich mit den Nazis, die
auch in Kreuzberg, vor allem in den gutbürgerlichen Straßen westlich des
Mehringdamms, Fuß gefaßt haben. Das „Yorckschlößchen", Yorckstraße
15, ist zur Stammkneipe von SS-Stürmen geworden; im „Kaiserstein",
Belle-Alliance-Straße 80, trinkt SA ihr Bier. Vor dem Sturmlokal „Zur
Hochburg" in der Gneisenaustraße 17 eskaliert am 9. September 1931 eine
der üblichen Schlägereien zwischen SA und Rotfrontkämpferbund zum
Schußwechsel. Ein SA-Mann bleibt tot liegen.
Im Gegenzug greifen die Nazis „Tante Martha" an, aber die Nostitzstraße
weiß sich zu verteidigen. Häuserschutzstaffeln des KJVD überwachen die

133

Umgebung und melden rechtzeitig das Herannahen einer SA-Kolonne. Angehörige von Rotfrontkämpferbund und Roter Jungfront holen Müllkästen aus den Höfen und errichten Straßensperren. Die Bewohner der oberen Stockwerke halten Blumentöpfe und Briketts bereit. „SA-Sturm auf die rote Nostitzstraße mißglückt", berichtet das KPD-Zentralorgan 'Rote Fahne' am 27. 10. 1932 über eine dieser Straßenschlachten. „Am Dienstag gegen halb 9 Uhr kam es in der Nostitzstraße zu einem Zusammenstoß zwischen Arbeitern und Nazis. Ein Trupp von 60 SA-Leuten versuchte, in die rote Nostitzstraße einzudringen." In der SA-Zeitung 'Angriff' liest es sich so: „Gestern abend gegen 8.30 Uhr waren SA-Männer auf dem Wege zur Belle-Alliance-Straße und mußten die Nostitzstraße an der Gneisenaustraße überqueren. Hierselbst wurden sie von einer Horde kommunistischer Wegelagerer überfallen. Die Kommunisten waren mit Eisenstangen und Dachlatten bewaffnet, und aus den Fenstern flogen Steine . . ."

Nostitzstraße heute
Noch immer proletarisch, angereichert durch türkisches und akademisches Proletariat.
Das politische Straßenleben der 20er und frühen 30er Jahre ist mit der Weimarer Republik untergegangen; teilweise erhalten geblieben sind die Mietskasernen mit ihren engen Hinterhöfen.
Im Haus Nr. 14 haben arbeitslose Jugendliche eine Lederwerkstatt eröffnet.

Lorenz-Gefängnis, *Schenkendorfstraße 8*
Am 27. 2. 1975 wurde der Berliner CDU-Vorsitzende Peter Lorenz aus seinem Dienstwagen entführt und 5 Tage im Keller des kleinen Trödelladens gefangengehalten. Im Austausch erzwang die „Bewegung 2. Juni" die Freilassung von Verena Becker, Gabriele Kröcher-Tiedemann, Rolf Pohle, Ina Siepmann und Rolf Heißler.

Marheineke-Markthalle, *Marheinekeplatz*
Zur Verbesserung der hygienischen Verhältnisse auf den Berliner Wochenmärkten ließ der Magistrat im ausgehenden 19. Jh. vierzehn städtische Markthallen errichten. Nur drei sind erhalten, zwei davon in Kreuzberg: die Eisenbahn-Markthalle (→ S. 92) und die Marheinekehalle (1891/92 erbaut, 1945 zerstört, 1952/53 neu aufgebaut).
Auf den Außenwänden alte Kreuzberger Originale: Leierkastenmann, Harfenjule, Wurstmaxe, Eiserner Gustav, Scherenschleifer, Kohlenträger.

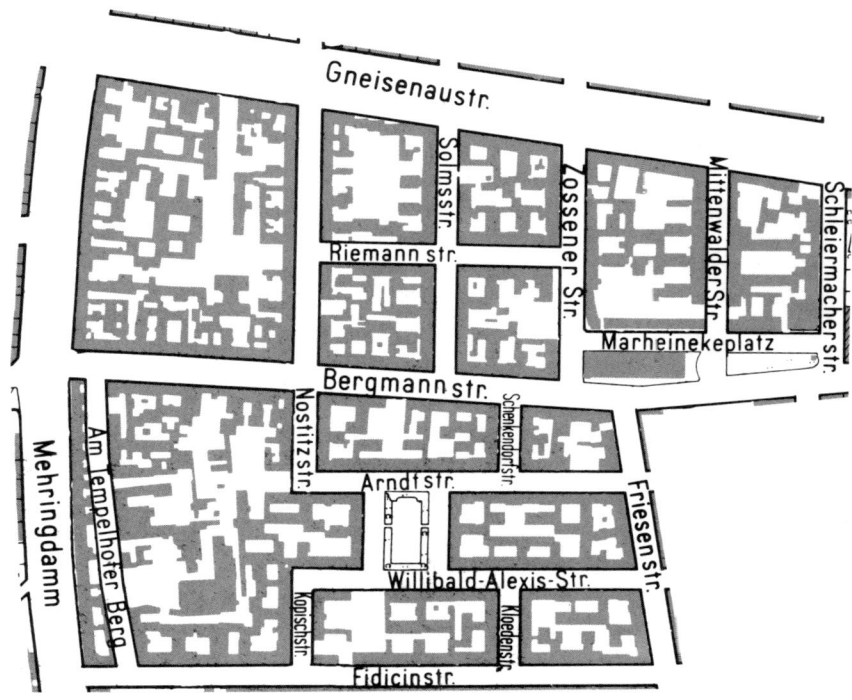

Chamissoplatz

Nach Adelbert v. Chamisso (1781 – 1838), dem Dichter des „Schlemihl", benannt (→ S. 71).

Klassizistische Fassaden (um 1880), in harmonischer Einheitlichkeit mit geschmiedeten Balkonen, Erkern, Säulen, Stuckornamenten. Ein Stück Alt-Kreuzberg: Kopfsteinpflaster, Gaslaternen, gußeiserne Wasserpumpe und achteckiges Pissoir.

Im Mieterladen, Willibald-Alexis-Straße 27, setzt man sich für eine Sanierung ein, bei der nicht nur Fassaden erhalten bleiben, während die alteingesessenen Kreuzberger durch Luxusmodernisierung und Entkernung (→ S. 173) aus ihrem Kiez vertrieben werden.

Keramik-Werkstatt, *Chamissoplatz 6 (→ S. 203)*

Galerie am Chamissoplatz, *Chamissoplatz 6 (→ S. 203)*

Elefanten Press Galerie, *Zossener Straße 32 (→ S. 205)*

Die Kreuzberger SA-Stürme 26 ▲ *und 27* ▼

20.

SA marschiert

Wenn auch Kreuzberg als Arbeiterviertel eine Hochburg der Linken war, die 27,4% Wählerstimmen der Deutschnationalen Volkspartei (1928) zeigen, daß im ansässigen Kleinbürgertum ein beträchtliches antidemokratisch-nationalistisches Potential existierte. Aus dieser Quelle nährte sich die NSDAP, deren allmählicher Aufstieg chronologisch nachgezeichnet werden soll. Von den Anfängen bis zur Machtübernahme.

19. November 1922 – Im Restaurant Zum Reichskanzler, Yorckstraße 90, wird unter dem Tarnnamen „Großdeutsche Arbeiterpartei" die erste Berliner NSDAP-Ortsgruppe mit 194 Mitgliedern gegründet. 1923 auf Grund des Republikschutzgesetzes verboten.

17. Februar 1925 – Nach Aufhebung des Verbots erfolgt die Wiedergründung der NSDAP-Ortsgruppe, diesmal unter ihrem richtigen Namen, mit Sitz in der Wiener Straße 45.

2. November 1925 – Gauleiter Goebbels hält in der Bockbrauerei, Fidicinstraße 2/3, eine Grundsatzrede zum Thema „Lenin oder Hitler".

1927 – Der SA-Sturm 27 richtet im Kock, Wiener Straße 25, sein erstes Sturmlokal ein. „Am Görlitzer Bahnhof fingen wir an / den Kampf um den roten Südosten / hier mußten wir damals schon Mann für Mann / den Terror der Roten kosten." (Kreuzberger SA-Lied)
Im südlichen Kreuzberg läßt sich der SA-Sturm 26 im Lokal Zur Hochburg, Gneisenaustraße 17, nieder.

5. Mai 1927 – 31. März 1928 – Als NSDAP und SA wieder einmal verboten sind, nimmt die Berliner SA-Führung in der Grundschule, Hagel-

berger Straße 34, geheimes Quartier. Die Kreuzberger SA versammelt sich als „Sportverein Südwest" in der Turnhalle.

Frühjahr 1929 — Mitglieder des Roten Frontkämpferbundes aus der Forster Straße schlagen das Sturmlokal Kock zu Kleinholz. Der obdachlos gewordene SA-Sturm 27 zieht in den baulich besser abgesicherten Wiener Garten, Wiener Straße 10.
„Roter Südosten, Unterwelt / jede Woche ein Opfer fällt / Trotzdem steht Hitlers Fahne fest / mitten in Moskaus Mördernest."

22. August 1929 — Unter Leitung von Horst Wessel verwüsten SA-Leute zwei Lokale des Roten Frontkämpferbundes, Forster Straße 4 und 6. „In einer dunklen Straße sammelte sich alles. Ein kurzes Kommando, und im Sturmschritt ging es vorwärts. Wir bogen in eine Seitenstraße ein. Auch von den anderen Seiten stürmten unsere Truppen heran, und im Nu waren wir in das berüchtigte Lokal eingedrungen." (Erwin Reitmann in seinem Buch 'Horst Wessel').

22. September 1929 – Die SA-Standarten I, II und III marschieren durch Neukölln und Kreuzberg. Am Spreewaldplatz nimmt Goebbels, in seinem Opel stehend, die Parade ab. Eine bewußte Provokation, auf die der „rote Südosten" mit einem Steinhagel reagiert. Am Kopf getroffen, gibt Goebbels' Fahrer Gas.

1930 — Die erste Kreuzberger BDM-Gruppe (Bund Deutscher Mädchen) entsteht.
Beliebter Treffpunkt der Hitlerjugend ist das Gröbenufer, oder man tagt im Köpenicker Hof, Köpenicker Straße 174.

15. Februar 1930 — An der Synagoge am Fraenkelufer (→ S. 68) tauchen nachts die ersten Hakenkreuzschmierereien auf: „Die Rache naht", „Judas verrecke". Die jüdische Gemeinde postiert Wachen.

Juli 1931 — Zur Pflege verletzter SA-Männer, bei Saal- und Straßenschlachten, wird in der Baerwaldstraße 38 ein SA-eigenes Lazarett eingerichtet.

Oktober 1932 — SA-Leute in der Cuvrystraße angegriffen. „Wie erst jetzt bekannt wird, wurden Mitglieder des Sturmes 22 am Freitagabend, als sie sich, vom Sportpalast kommend, auf dem Nachhauseweg befanden, von kommunistischen Strolchen in der Cuvrystraße überfallen." (SA-Zeitung 'Der Angriff', 26. 10. 1932)

10. Januar 1933 — Zum ersten Mal gelingt es der SA, auf dem traditionell roten Lausitzer Platz eine Kundgebung zu veranstalten.

30. Januar 1933 — Reichspräsident v. Hindenburg ernennt Hitler zum Reichskanzler. Auch in Kreuzberg sind zur Feier des Tages alle öffentlichen Gebäude mit Hakenkreuzfahnen beflaggt.
Der bisher zurückhaltende Hausmeister der Cuvrystraße 9 – 13 entpuppt sich als Nazi und übernimmt das Amt des Blockwarts.

27./28. Februar 1933 — In der Nacht des Reichstagsbrandes werden hunderte von Kommunisten, Sozialdemokraten, Gewerkschaftlern nach vorbereiteten Listen verhaftet und in provisorische Konzentrationslager verschleppt. Am berüchtigtsten: das SA-Hauptquartier, Hedemannstraße 31. (→ S. 143)

28. Februar 1933 — SA stürmt den sozialdemokratischen Vorwärts in der Lindenstr. 3. Vergeblich versuchen die Setzer, das Gebäude mit Knüppeln und kochendem Blei zu verteidigen.

NSDAP-Reichstagswahlergebnisse in Kreuzberg:
1928 (1,7%), 1930 (14%), Juli 1932 (26,6%), November 1932 (22,7%).
5. März 1933 – Reichstagswahl im Schatten des SA-Terrors. Bei dieser nicht mehr freien Wahl erhält die NSDAP 32,8% der Stimmen (KPD 27,0%, SPD 22,9%).

10. März 1933 — Gewaltsame Absetzung des Kreuzberger Bürgermeisters Carl Herz (SPD). „Heute mittag gegen 12 Uhr wurde das Bezirksamt Kreuzberg in der Yorckstraße 10 – 11 von einer Abteilung SA besetzt. Wie bisher bekannt wurde, sind Bürgermeister Herz, der Direktor des Bezirksamtes Puhn, Obermagistrat Pech und mehrere Beamte festgenommen und im Auto abtransportiert worden." (Vossische Zeitung, 10. 3. 1933)

11. März 1933 — Machtübernahme am Urban-Krankenhaus. Die jüdi-

schen Direktoren und Ärzte werden von einem SA-Trupp festgenommen und teilweise schwer mißhandelt.

18. März 1933 — Ernennung von Baustadtrat Brand (DNVP) zum kommissarischen Kreuzberger Bürgermeister. Bei der folgenden politischen Säuberungsaktion müssen 54 Beamte, 96 Angestellte und 72 Arbeiter das Rathaus verlassen. Die Bezirksverordnetenversammlung wird aufgelöst.

21. März 1933 — Am Morgen der Reichstagseröffnung besucht Hitler in Begleitung von Goebbels den Luisenstädtischen Friedhof an der Bergmannstraße und legt einen Kranz nieder („Meinen toten Kameraden"). Die umgekommenen SA- und SS-Männer der Kampfzeit liegen dort begraben.

1. April 1933 — Boykott jüdischer Geschäfte, Warenhäuser, Arzt- und Anwaltspraxen; postierte SA-Männer verwehren den Zutritt. „In der Skalitzer Straße waren fast nur jüdische Geschäfte, Kleiderläden, da wurden die Fenster eingeschlagen oder den Juden, die im Kaftan liefen und lange Bärte hatten, denen wurden auf der Straße die Bärte abgeschnitten." (Anni Wendel in: Kreuzberg 1933, S. 165)

2. Mai 1933 — Verbot der Gewerkschaften. Wie die anderen Gewerkschaftshäuser wird auch das Haus des Deutschen Metallarbeiterverbands, Alte Jakobstraße 148, von SA besetzt und in ein Verwaltungsgebäude der Deutschen Arbeitsfront umgewandelt. Die Arbeiterbewegung ist zerschlagen.

SA-Sturmlokal „Zur Hochburg", Gneisenau-/Ecke Solmstraße (1931)

HIER BEFANDEN SICH DIE FOLTERZELLEN DER
GEHEIMEN STAATSPOLIZEI

ЗДЕСЬ НАХОДИЛИС КАІМЕРИ
ПЫТОН ТАЙНОЙ ГЕСТАПО

...RE STANDING ON THE GROUNDS OF THE FORMER
...TURE CHAMBERS OF THE GESTAPO

ICI SE TROUVAIENT LES CELLULES DE TORTURE DE
LA GESTAPO

Gestapo-Hauptquartier, Prinz-Albrecht-Straße

21.

Wo die Gestapo folterte

Prinz-Albrecht-Straße / Niederkirchnerstraße

Die Wilhelmstraße, an der sich die Ministerien reihten (heute: Ost-Berlin), war die Hauptader des alten Regierungsviertels. In ihrem südlichen, zu Kreuzberg gehörigen Teil hatten im Dritten Reich die Organe der Repression ihren Sitz: SA, SS, SD, Gestapo.

Gleich mit der nationalsozialistischen Machtübernahme setzte der Terror ein und erreichte am 27. Februar 1933 in der Nacht des Reichstagsbrandes einen ersten Höhepunkt. Gedeckt durch die eilends erlassene Reichstagsbrandverordnung „zum Schutz von Volk und Staat", wurden in Berlin ca. 1500 Kommunisten, Sozialdemokraten, Gewerkschaftler und Juden verhaftet. Als „Brandstifter"!
Die Gefängnisse waren schnell überfüllt, und so richtete die zur Hilfspolizei erklärte SA in ihren Kasernen und Sturmlokalen provisorische Konzentrationslager ein. Im Kaiserstein, Belle-Alliance-Straße 80, im Reichskanzler, Yorkstraße 90, in der Hochburg, Gneisenaustraße 17, im Wiener Garten, Wiener Straße 10 – mehr als ein Dutzend allein in Kreuzberg.
Wie es in der SA-Zentrale, Hedemannstraße 31, zuging, beschreibt Oberregierungsrat Rudolf Diels in seinen nach dem Krieg erschienenen Memoiren: „Die ‚Vernehmungen' hatten mit Prügel begonnen und geendet, dabei hatte ein Dutzend Kerle in Abständen von Stunden mit Eisenstäben, Gummiknüppeln und Peitschen auf die Opfer eingedroschen. Eingeschlagene Zähne und gebrochene Knochen legten Zeugnis von den Torturen ab. Als wir eintraten, lagen diese lebenden Skelette reihenweise mit eiternden Wunden auf dem faulenden Stroh. Es gab keinen, dessen Körper nicht vom Kopf bis zu den Füßen die blauen, gelben und grünen Male der unmenschlichen Prügel an sich trug. Bei vielen waren die Augen zuge-

schwollen und unter den Nasenlöchern klebten Krusten geronnenen Blutes. Es gab kein Stöhnen und Klagen mehr, nur starres Warten auf das Ende oder auf neue Prügel."

Die nächste Verhaftungswelle rollte nach den Reichstagswahlen vom 5. März; wieder mit der Begründung, einem kommunistischen Aufstand zuvorzukommen. Als „Beweismaterial" präsentierte man der Öffentlichkeit Waffenfunde bei Razzien in KPD-Lokalen. In SO 36 waren das insgesamt 3 Pistolen mit 35 Patronen, 2 Gummiknüppel und 1 Schlagring; eine Skizze der Wrangel-Kaserne mußte als Beleg für einen geplanten Waffenraub herhalten.

Schon bald sollte die Prinz-Albrecht-Straße (heute: Niederkirchnerstraße) zu Berlins berüchtigtster Adresse werden. Am 26. April 1933 bezog in der dortigen Kunstgewerbeschule die Polizeiabteilung Ia (Politische Polizei) Quartier. Aus dem Polizeipräsidium herausgelöst und direkt Innenminister Göring unterstellt, erhielt sie einen neuen Namen: „Geheimes Staatspolizeiamt". Unter besagtem Oberregierungsrat personell aufgestockt, wurde sie ab 1934 von Himmler und Heydrich zur allmächtigen und allgegenwärtigen Reichsbehörde ausgebaut. Gestapo – Geheime Staatspolizei. Hier liefen die Fäden der politischen Überwachung und Verfolgung zusammen. An die Stelle des „wilden", unsystematischen Terrors der SA war nun die bürokratisch-effiziente Unterdrückung getreten.

Auch Pfarrer v. Bergh von der Evangelischen Passionsgemeinde am Marheinekeplatz fiel dem ausgedehnten Spitzelwesen fast zum Opfer. Als er 1935 in den Ruhestand trat, schrieb er in einem Abschiedsbrief an seine Gemeinde: „Wenn ich jetzt nach meinem Ausscheiden aus dem Dienst noch zur Vernehmung zur Gestapo bestellt werde, weil eine Anzeige gegen mich wegen meines Konfirmandenunterrichts erfolgt ist, so ist das bezeichnend für die gegenwärtige kirchliche Lage. Und das ist das Traurige, daß solche Anzeigen aus den eigenen Reihen der evangelischen Kirche erfolgen." Pfarrer v. Bergh durfte nach dem Verhör wieder nach Hause gehen, Pfarrer Hartmann von der benachbarten Gemeinde Zum Heiligen Kreuz ist nicht mehr zurückgekehrt.

Um Aufsehen zu vermeiden, erfolgten Verhaftungen meist in den frühen Morgenstunden, und doch waren sie stadtbekannt, die schwarzen Abholwagen. Ungezählte Oppositionelle verfrachteten sie in die Prinz-Albrecht-Straße, darunter Namen wie Ernst Thälmann und Dietrich Bonhoeffer. Brutale Vernehmungen („Gestapo-Methoden") in den Kellerverliesen sollten Informationen herauspressen.

Viele haben standhaft geschwiegen und die „Sonderbehandlung" nicht überlebt. Und für die Überlebenden war das Ende dieser Tortur längst noch kein Ende: Meist folgte die Einweisung in ein Konzentrationslager.

Niederkirchnerstraße *(ehemals Prinz-Albrecht-Straße)*
Benannt nach Käthe Niederkirchner. Kommunistin, Widerstandskämpferin, 1944 im KZ Ravensbrück von SS erschossen. „Ich hätte doch so gern die neue Zeit erlebt. Es ist schwer, kurz vorher gehen zu müssen . . ."

Geheime Staatspolizei (1), *Primz-Albrecht-Straße 8*
Strittig ist, was außer einer Grünanlage mit dem Trümmergelände geschehen soll. Reicht ein Denkmal aus? Eine Initiativgruppe fordert die Einrichtung eines Dokumentationszentrums „Faschismus und Widerstand"; die noch vorhandenen Folterkeller sollen ausgegraben und in die Dokumentation einbezogen werden.

SS-Reichsführung (2), *Prinz-Albrecht-Straße 9*
Im ehem. Hotel Prinz Albrecht residierte SS-Führer Himmler und baute das System der Konzentrationslager aus.
Im benachbarten Prinz-Albrecht-Palais, Wilhelmstraße 102, arbeitete unter Leitung von Heydrich der SS-Sicherheitsdienst (SD) (3). 1939 wurde er mit Gestapo und Kriminalpolizei zum Reichssicherheitshauptamt (RSHA) zusammengelegt.
Unweit, in der Zimmerstraße 88, hatte die SS-Wochenzeitung „Das Schwarze Korps" ihren redaktionellen Sitz.

SA-Obergruppe Berlin-Brandenburg, *Hedemannstraße 31*
Keller sowie 3. und 4. Stock waren nach dem Reichstagsbrand ein „wildes" KZ.
Im gleichen Gebäude befanden sich auch die Redaktionsräume der SA-Zeitung „Angriff".
Ab 1. 4. 1933 in der Wilhelmstraße 106 (4).

NSDAP-Gauleitung Berlin, *Hedemannstraße 10*
1. 5. 1930 – 1. 10. 1932

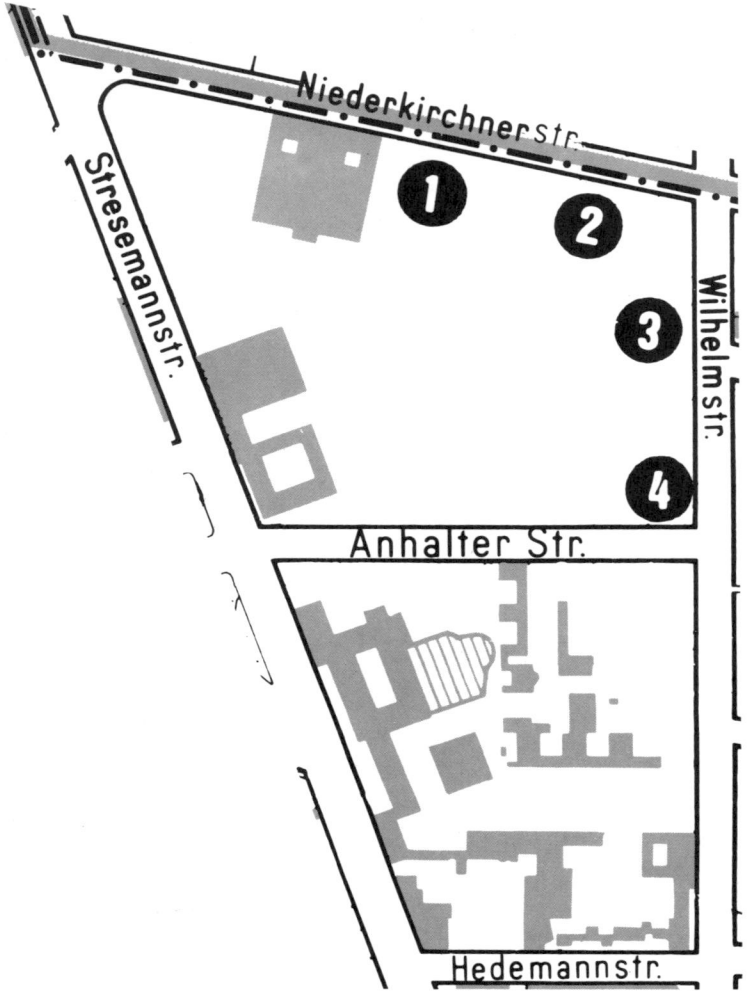

Ehem. Kunstgewerbemuseum, *Stresemannstraße 110*
1877-81 errichtet (Martin Gropius), wurde es als einziges Gebäude der zerbombten Prinz-Albrecht-Straße restauriert. Wechselnde Ausstellungen (Tel. 21 23 32 37).

Preußisches Landtagsgebäude, *jenseits der Mauer gegenüber dem Gropius-Bau*
1934-35 Sitz des „Volksgerichtshofs".
Daneben das ehem. Reichsluftfahrtministerium, heute Haus der Ministerien der DDR.

Anhalter Bahnhof, *Askanischer Platz (→S.111)*

Geheime Staatspolizei
Staatspolizeileitstelle Berlin
Stapo B 2 — 50/38 g.

31. März 1939

An die
Geheime Staatspolizei
Geheimes Staatspolizeiamt
— Referat II A —
Berlin SW 11

G e h e i m !

Betrifft: Monatlicher Lagebericht.

In der Anlage überreiche ich einen Lage-Kurzbericht
in doppelter Ausfertigung der Staatspolizeileitstelle
Berlin für die Zeit vom 1. Januar 1939 bis 31. März
1939 auf dem Gebiete der Bekämpfung des Kommunis-
mus und Marxismus mit der Bitte um Kenntnisnahme.

In der Berichtszeit wurden insgesamt 96 Personen festgenommen, davon:

    88 wegen kommunistischer und marxistischer Betätigung,
     8 wegen sonstiger politischer Taten
      (Vergehen gegen das Heimtückegesetz usw.)

Insgesamt wurde gegen 48 Personen Haftbefehl erlassen. 19 Personen wurden
entlassen und Strafverfahren gegen dieselben eingeleitet. 3 Personen wurden an
andere Dienststellen im Hause abgegeben. Bei 26 Personen sind die Ermittlungen
noch nicht zum Abschluß gelangt. Von den 23 in der Berichtszeit entlassenen Straf-
gefangenen, die zur Nachprüfung rücksistiert wurden, sind 21 Personen nach ein-
gehender Warnung entlassen. Über 2 Personen ist noch nicht entschieden, ob sie
einem Konzentrationslager zugeführt werden sollen.   F. M.

Der Generalstaatsanwalt   Berlin NW 40, den 24.11.1942
bei dem Landgericht   Turmstr. 91
                                 Fernruf: 35 67 01

An den
     Herrn Oberreichsanwalt
     beim Volksgerichtshof

Betrifft:

Ermittlungsverfahren
gegen den Rentner Wilhelm Lehmann
wegen Vorbereitung zum Hochverrat.

Berichtsverfasser: Staatsanwalt Hüttner.

Das Verfahren richtet sich gegen den Rentner Wilhelm
L e h m a n n, geboren am 13. Januar 1869 in Klein-
Rietz, wohnhaft in

Bl. 6 Berlin SO 36, Pücklerstr. 44, verheiratet, evangelisch, an-
geblich nicht bestraft,

Bl. 1 in dieser Sache vorläufig festgenommen am 13. November
1942 und seit dem 18. November 1942 in Untersuchungshaft.

Bl. 15 Der Buchdrucker R. stellte seit dem Sommer des Jahres
wiederholt fest, daß in der Bedürfnisanstalt am Mariannenplatz in Berlin an der Wand etwa folgende Anschrift ange-
schrieben war:
     »Hitler, du Massenmörder mußt ermordet werden, dann ist
     der Krieg zu Ende.«
Am 28. Oktober ds. Js. gegen 17 Uhr ertappte er den Be-
schuldigten dabei, wie er mit Blaustift an die Wand der Bedürfnisanstalt die Worte:
                    »Hitler, du Massenmörder«
     schrieb. —

Der Beschuldigte gibt zu, wiederholt derartige hetzerische An-
schriften in der Bedürfnisanstalt angebracht zu haben.

Wenn auch der bereits 73 jährige Beschuldigte in politischer Hin-
sicht sonst noch nicht nachteilig in Erscheinung getreten ist, so läßt
sich doch der Verdacht eines Verbrechens nach den §§ 80 ff. StGB
nicht von der Hand weisen.

                              Im Auftrage:
                              gez. . . .
                              Oberstaatsanwalt

22.
Widerstand nicht nur
am 20. Juli

Berlin war nicht nur die Hauptstadt des Dritten Reiches, sondern zugleich das Zentrum des Widerstands. Seine Träger: Kommunisten, Sozialdemokraten, Gewerkschaftler, später auch vereinzelt Bürgerliche und Militärs. Die Aktionsformen reichten vom politischen Flüsterwitz über Flugblätter und nächtliche Wandinschriften, Kurierdienste und Hilfe für Verfolgte bis hin zur Attentatsvorbereitung.
Auch in Kreuzberg war der Widerstand lebendig, vor allem in den Reihen der illegalen Arbeiterbewegung. Nur einige wenige Widerstandskämpfer können hier namentlich genannt werden, stellvertretend für alle anderen.

Anni Wendel, Waldemarstraße, erzählt über die gemeinsame Untergrundarbeit mit ihrem Mann (KPD): „In der Tschechoslowakei, am Anfang auch noch in Deutschland, wurden Zeitungen und Flugblätter gedruckt, die wurden hier verteilt. Das ging so vor sich, daß man Nachricht bekam, an der und der Ecke steht ein Mann mit Schiebermütze oder im grauen Mantel, den hat man dann nach der Zeit gefragt oder etwas Ähnliches und ihm dann die Sachen weitergegeben bzw. man hat sie von ihm bekommen. Es kannten sich immer nur sehr wenige, zwei oder drei, ob das alles geklappt hatte, wußte man dabei nicht." (Kreuzberg 1933, S.164)

Wolfgang Thieß ist 1931 von der Hitlerjugend in den Kommunistischen Jugendverband (KJVD) übergetreten. Im Herbst 1933 reorganisiert er den illegal gewordenen Verband im Unterbezirk Kreuzberg. Aus einem fahrenden Hochbahnzug wirft er am Halleschen Tor Flugblätter in die Menge. 1937 wird er verhaftet.

149

Karl Mundstock (KJVD) schildert in seinen Erinnerungen 'Meine tausend Jahre Jugend' folgende Flugblattaktion: „Wir schlendern durch den Haupteingang des Warenhauses Karstadt am Hermannplatz. Es ist Samstagnachmittag, Haupteinkaufszeit . . . Wir steigen die Haupttreppe hinauf, deren Fenster zum Hermannplatz liegen. Von Stockwerk zu Stockwerk wird es leerer. Nach der vierten Etage sind wir allein . . . Erika hat das Fenster geöffnet. Vor ihr auf dem Sims liegt die Handtasche, eine billige, in der sich nichts weiter befindet als der Packen Flugblätter . . . Sie schirmt die Flugblätter mit dem Körper ab und lacht. Ihre Hand schwingt durch die schmale Fensteröffnung. Ich schaue den segelnden Blättern hinterher."

Willy Sänger (KPD), Oppelner Straße 45, Vorsitzender des Arbeitersportvereins Fichte Süd-Ost.
Nach 1933 illegale Parteiarbeit. Über einen Freund in der Reichsdruckerei (→ S. 121) gelingt es ihm, ein Exemplar des Deutschen Fahndungsbuches zu beschaffen – manch Oppositioneller kann rechtzeitig gewarnt werden. Im Juli 1944 wird Sänger verhaftet und vier Monate später im Zuchthaus Brandenburg hingerichtet.
Er schreibt in seinem Abschiedsbrief: „Grüße bitte alle Bekannten und die Hausbewohner. Ich bin ruhig und gefaßt und weiß, daß ihr auch fest und stark bleiben werdet. Haltet die Erinnerung an mich und an das, was ich erstrebte, hoch. Es ist nicht einfach, die letzten Minuten mit dem Gedanken an das Fallbeil zu verbringen. Draußen scheint die Sonne . . ."

Alfred Neumann (KPD), Oppelner Straße 34, vor der Machtergreifung ein bekannter Zehnkämpfer im Arbeitersportverein Fichte Süd-Ost. Bis 1935 illegale Parteiarbeit. Nach kurzem Zwischenaufenthalt in Moskau kämpfte er auf Seiten der Internationalen Brigaden im Spanischen Bürgerkrieg. In Frankreich interniert und der Gestapo übergeben, wird er ins Zuchthaus Brandenburg eingeliefert.
Nach 1958 Mitglied im Politbüro der SED.

Paul Ibscher (SPD) ist 23 Jahre alt und arbeitet als Fahrradbote beim Vorwärts, als Hitler an die Macht kommt. In der Folgezeit ist er Mitglied einer 20köpfigen Widerstandsgruppe mit Treffpunkt in der Cuvrystraße 2. Heimlich stecken sie Flugblätter, die aus dem Prager Exil des Parteivorstands nach Berlin geschmuggelt werden, in die Briefkästen. 1937 muß die

Gruppe, durch Verhaftungen geschwächt, ihre Tätigkeit einstellen. Nach dem Krieg Mitglied in der Kreuzberger Bezirksverordnetenversammlung und im Berliner Abgeordnetenhaus.

Erwin Beck (SPD), bis 1933 Vorsitzender der Sozialistischen Arbeiterjugend in Kreuzberg, schließt sich den „Roten Kämpfern" an. Sie bringen eine Untergrundzeitung gleichen Namens heraus und verschicken sie mit anderen illegalen Druckschriften an Rote Kämpfer-Gruppen im Raum Halle, Meißen, Dresden und Gelsenkirchen. 1936 wird Beck verhaftet und zu drei Jahren Zuchthaus verurteilt, 1942 ins Strafbataillon 999 eingezogen.
1955-75 Kreuzberger Jugendstadtrat. 1968 prominenter Demonstrationsteilnehmer gegen den Vietnamkrieg.

Der Schriftsetzer Friedrich Schlüter (SPD), Gitschiner Straße 61, der Schlosser Franz Krüger (SPD), Wrangelstraße 65, und der Kontorist Erich Kierstein (SPD), Sorauer Straße 21, werden im November 1933 gemeinsam mit 237 Personen verhaftet. Die Anklage lautet: Mitgliedschaft in der linkssozialistischen Widerstandsorganisation „Roter Stoßtrupp" und Beteiligung am Vertrieb der gleichnamigen Zeitschrift.

Wilhelm Leuschner (SPD), ehemals stellvertretender Vorsitzender des Allgemeinen Deutschen Gewerkschaftsbundes, betreibt in der Eisenbahnstraße 5 eine kleine Fabrik für Bierzapfanlagen; nicht nur als wirtschaftliche Existenzgrundlage für sich und andere Sozialdemokraten, sondern auch als Möglichkeit, auf Geschäftsreisen gewerkschaftliche Kontakte aufrechtzuerhalten. Gemeinsam mit dem Kreisauer Kreis und hohen Militärs ist er an den Umsturzvorbereitungen des 20. Juli 1944 beteiligt.
Bei einem konspirativen Treff verhaftet, im Zuchthaus Plötzensee hingerichtet.

„Hitler, du Massenmörder mußt ermordet werden, dann ist der Krieg zu Ende", schreibt 1942 der Rentner Wilhelm Lehmann, Pücklerstraße 44, an die Innenwand des Pissoirs am Mariannenplatz.
Im Alter von 74 Jahren wird er am 10. Mai 1943 in Plötzensee hingerichtet.

23.
Checkpoint Charlie

Friedrichstraße

„Betreten auf eigene Gefahr. Keine Haftung für Fahrlässigkeit und höhere Gewalt", warnt auf einem Schild „Der Polizeipräsident in Berlin". Hier oben von der Aussichtsplattform folgt mein Blick der Friedrichstraße, wie sie sich unter dem Schlagbaum durch die Mauer zwängt. Checkpoint Charlie, Grenzübergang für Ausländer. Touristen gehen einzeln oder in kleinen Gruppen – viele Amerikaner – auf einen Tagesbesuch hinüber. Türken machen nur noch wenige von dieser Möglichkeit Gebrauch seit der Erhöhung des Zwangsumtausches. Zahlreich jedoch in entgegengesetzter Richtung die Limousinen mit roten CD-Kennzeichen, Diplomaten samt Anhang auf Stippvisite im Kapitalismus. „Allied Checkpoint": In der Kontrollbaracke sitzen Amerikaner, Engländer und Franzosen. Deutsche Polizei und Zoll etwas seitlich in einer offensichtlichen Nebenrolle. Drüben die „Hauptstadt der DDR" und davor ein Gebilde, das viele Namen trägt. „Antifaschistischer Schutzwall", „Friedenswall", „Staatsgrenze", „Schandmauer" – allen Propagandisten zum Trotz hat sich nüchtern, schlicht und zutreffend die Bezeichnung „Mauer" durchgesetzt.

„Starke Kommandos der kommunistischen Volkspolizei haben in der Nacht zum Sonntag die Sektorengrenze zwischen Ost- und Westberlin abgeriegelt." Diese UPI-Eilmeldung um 3.25 Uhr kündete am 13. August 1961 den Beginn des Mauerbaus. An die Stelle der provisorischen Stacheldrahtrollen traten bald zementierte Mauersteine, später 3,5 – 4 m hohe Betonplatten. Heute bildet die Mauer nur noch die Außenseite eines tief gestaffelten Grenzsystems mit Schutzbunkern, Beobachtungstürmen, Minengürteln, Panzersperren, Hundelaufanlagen. 55 Menschen sind zwischen 1961 und 1981 auf der Flucht erschossen worden, unter ihnen am 17. August 1962 auch der achtzehnjährige Peter Fechter hier am Checkpoint Charlie.

Von den 46 km Mauer zwischen Ost und West gehören allein 8,7 km zu Kreuzberg. Sie trennen unseren Bezirk vom Treptower Park, dem früheren Ausflugsziel, und schlimmer noch: vom alten Stadtzentrum. Kreuzberg ist geographisch und wirtschaftlich in eine Randlage geraten, von der es sich bis heute nicht erholen konnte.

Ursachen des Mauerbaus ließen sich viele nennen. Die Existenz zweier deutscher Staaten gegensätzlicher Gesellschaftsordnung, der Flüchtlingsstrom nach Westen, die gezielte Abwerbung, der Kalte Krieg. Oder man muß weiter zurückgehen bis ins Dritte Reich und zu dessen Angriffskrieg gegen Polen und die Sowjet Union; über die Mauer um das Warschauer Ghetto haben sich damals nur wenige Deutsche empört.

Plötzlich sind zwei amerikanische Jeeps mit aufmontierten Maschinengewehren da. Ein Soldat springt ab, kommt die Treppenstufen zur Plattform herauf und blickt durch sein Fernglas zum Wachtturm hinüber. Die DDR-Grenzer nehmen die Herausforderung an. Ein Feldstecher-Duell... Irgendwann wird es langweilig, der GI geht die Treppe wieder hinunter, und die Jeeps setzen ihre Patrouille fort.

Nicht immer ist es am Checkpoint Charlie so friedlich zugegangen. Am Abend des 27. Oktober 1961 standen sich an dieser Stelle amerikanische und sowjetische Panzer auf 200 m Entfernung gegenüber. Den Amerikanern ging es entsprechend dem Potsdamer Abkommen um unkontrollierten Zugang nach Ost-Berlin. DDR-Grenzpolizisten hatten seit einigen Tagen versucht, für das militärische und zivile Personal der Westalliierten Paßkontrollen einzuführen. Nach Stunden der Spannung wurden die Panzer am 28. Oktober wieder abgezogen. In einem Kompromiß erklärten sich die Westalliierten bereit, ihre Fahrzeuge zusätzlich durch Lizenzplaketten zu kennzeichnen, während die DDR auf Ausweiskontrollen verzichtete.

Inzwischen ist der Grenzverkehr längst Routine geworden. Eine florierende touristische Infrastruktur ist entstanden mit Imbißbude, Sitzbänken, Cafe und Aussichtsplattform; die Berliner Stadtreinigung hat einen Toiletten-Container aufgestellt.

154

27. Oktober 1961

Im Dokumentationszentrum der „Arbeitsgemeinschaft 13. August" drängen sich vor Fluchtautos und einem Selbstschußapparat die Besuchergruppen. Das Fotozentrum nebenan sorgt dafür, daß niemandem die Filme ausgehen.

Wer etwas nach Hause mitnehmen möchte: Ein Souvenirladen bietet ein umfangreiches Sortiment an Fähnchen, Taschenmessern, Aschenbechern, Gläsern, Tellern, Tassen – alles mit Berlinmotiven versehen. Das Geschäft geht nicht schlecht, und so hat sich auch der Zigarettenladen schräg gegenüber zunehmend auf Postkarten, T-Shirts und Berliner Bären umgestellt.

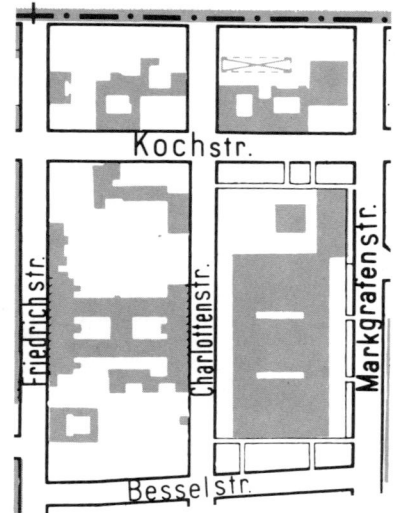

Checkpoint Charlie

Grenzübergang für Ausländer. „Charlie" entstammt der amerikanischen Buchstabiertabelle: Alpha (Grenzübergang Helmstedt), Bravo (Dreilinden), Charlie (Friedrichstraße).

Gedenkkreuz, *Mauer / Ecke Charlottenstraße*

Am 17. August 1962 wurde der achtzehnjährige Maurer Peter Fechter bei einem Fluchtversuch an dieser Stelle erschossen. Er verblutete unter den Augen östlicher Grenzpolizisten und westlicher Fotografen.

Haus am Checkpoint Charlie, *Friedrichstraße 44, Tel. 251 45 69*

Gespräche mit ehem. DDR-Bürgern, Vorträge, Filme, ständige Ausstellungen:
„Die Mauer – vom 13. August zur heutigen Grenze",
„Geteilte Interpretationen – Maler sehen die Mauer",
„Berlin – von der Frontstadt zur Brücke Europas".

Springer Verlag, *Kochstraße 50* (→S. 121)

Friedrichstraße (→S. 48)

Checkpoint Charlie 1984

jetzt
3,50
West
Bild
Zeitungen
Zeitschriften
Das Fernsehmagazin
FUNK UHR
Marlboro
95
NEUE WELT
Frisch
für
Welt.
im Gesamtwert von
100.000 DM

24.
Klein-Istanbul

Wochenmärkte gibt es viele in Berlin, doch am liebsten gehe ich zum „Türkenmarkt" am Landwehrkanal. Jeden Freitag nachmittag dasselbe Bild.
Das Maybachufer ist für den Verkehr gesperrt, und auf dem Straßenpflaster haben Händler dicht an dicht ihre Marktstände aufgebaut. Ali
Cirit Oglu mit seinen Honigmelonen, Wassermelonen, Gurken, Zwie-
beln, Auberginen, Zucchini, Paprikaschoten. Ali Heweker mit drei
Sorten Schafskäse, Oliven, Weintraubenblättern, Peperoni, Sonnenblu-
menkernen, Kürbiskernen, gelben und grünen Kichererbsen. „Ekmek"
heißt das türkische Weißbrot, das hier knusprig und noch warm in den
Einkaufstüten verschwindet; „Pide" ist das runde Fladenbrot, „Simit" ein
mit Sesam bestreuter Kringel. Mehmet Bakir bietet gefärbtes Leinen
meterweise vom großen Stoffballen, auch Wandteppiche mit kunstvoll
geknüpften Pfauenmustern, Moscheen, Minaretten. Dazwischen immer
mal ein deutscher Stand wie Eier-Schulz oder Eier-Liebig.
Auf den Bürgersteigen drängen sich die Käufer und die Gaffer. Ein
Wochenmarkt ist kein Supermarkt. Nicht alles dreht sich nur um Kaufen
und Verkaufen. Man will auch sehen, erleben, feilschen – Theater: Da ist
die Lust an Farben und Gerüchen, an Gesprächen und den Sprüchen der
Händler. Türkinnen, ihre Kopftücher tief in die Stirn gezogen, deutsche
Hausfrauen, Freaks – so einträchtig wie hier am Freitagnachmittag geht es
in Kreuzberg nicht überall zu ...

Von den 130 000 Kreuzbergern stammen ca. 35 000 aus der Türkei. Die
Mehrzahl aus ländlichen Gebieten, oft mit einer Zwischenstation im
„Gecekondu"-Viertel von Istanbul, Izmir oder Ankara. Gecekondu, das
heißt wörtlich: „in einer Nacht erbautes Haus". Von 1961 – 73 unterhielt
die Bundesanstalt für Arbeit Anwerbebüros in der Türkei, die deutsche
Wirtschaft brauchte Arbeitskräfte. Und für viele Türken gab es Gründe

genug, von diesem Angebot Gebrauch zu machen. Großgrundbesitz, hohe Pachtzahlungen, Arbeitslosigkeit – im Paradies Deutschland würde alles besser werden.

Schon bei der Wohnungssuche kommt die Ernüchterung. „Keine Ausländer", heißt es oft in Wohnungsannoncen oder unausgesprochen bei Maklern und Hausverwaltungen. In der Regel werden nur solche Wohnungen angeboten, die an Deutsche schwer zu vermieten sind: teure Neubauwohnungen oder verwahrloste Altbauten. Da letztere vorwiegend in Kreuzberg, Tiergarten und Wedding liegen, hat sich die Mehrheit der Türken in diesen Bezirken angesiedelt. Meist in kleinen Ein- bis Zweizimmerwohnungen ohne Bad und eigener Toilette, und das mit 4 – 10 Personen. Oft noch zu überhöhten Mieten, denn nicht wenige Eigentümer spekulieren auf Unkenntnis der Mietpreisbindung.

Sanierungsunternehmen benutzen die Türken gern als „Abrißmieter". Das funktioniert so: Für Abriß und profitablen Neubau vorgesehene Häuser werden vorzugsweise mit türkischen Familien gefüllt. Da in der Folgezeit jede Instandhaltungsmaßnahme des Eigentümers unterbleibt, schreitet der gewünschte Verfall rasch voran. Zielstrebig wird eine Situation erreicht, wo ganze Straßenzüge verslumen und Abriß unumgänglich erscheint. Die türkischen Mieter erhalten Ersatzwohnungen im nächsten Abrißhaus.

„Türken raus." Auch in Kreuzberg hat die Ausländerfeindlichkeit mit wachsender Arbeitslosigkeit zugenommen. Türkenwitze hört man nicht nur hinter vorgehaltener Hand, Vorurteile haben sich verfestigt: Türken sind primitv, schmutzig, zu doof zum Deutschlernen, faul, leben von der Sozialhilfe, nehmen uns die Arbeitsplätze weg, belästigen deutsche Frauen, ziehen schnell das Messer. Wenn auch nur eine Minderheit so denkt, in einigen Restaurants, Kneipen und Discos wird die Türken raus – Parole bereits praktiziert: „Kanaken" bleiben unbedient oder ganz vor der Tür.

Bei den Behörden, bei Bezirksamt, Arbeitsamt und Polizei ist der Ton rauher geworden. Eine Kombination aus administrativen Pressionen (Zuzugssperre, Ausländererlaß) und finanziellen Anreizen soll zur Rückkehr in die Türkei anregen. Doch nur eine Minderheit hat bisher diesen Schritt getan; in der Hoffnung, sich daheim selbständig zu machen und mit den jahrelangen Ersparnissen einen Laden, ein Cafe, einen Handwerksbetrieb oder ein Taxiunternehmen einzurichten. Die

Proletarier aller Länder . . .

Mehrheit verharrt angesichts der türkischen Wirtschaft und Politik unentschlossen.

Eine wachsende Anzahl richtet sich darauf ein, in Kreuzberg zu bleiben. Sie sparen nicht mehr auf die Rückkehr, sondern haben sich neue Möbel geleistet, vielleicht auch ein Auto und eine Neubauwohnung. Türkische Imbisse, Teehäuser, Restaurants haben ihre Tore geöffnet. Lebensmittelläden mit reichem Angebot an Obst und Gemüse sind fast in jeder Straße entstanden. Import-Export, Banken, Arzt- und Anwaltspraxen, Fahrschulen, Reisebüros. Auch türkisches Handwerk gibt es längst: Schneider, Schuhmacher, Friseure („Berber"), Bäckereien („Pastahanesi") und Schlachtereien, in denen nach streng islamischer Regel geschächtet wird.

161

▲ Türkenmarkt am Maybachufer
▼ Bergmannstraße – türkisch und deutsch

Eine wachsende Anzahl der Türken fühlt sich keineswegs mehr als „Gastarbeiter". Sie haben ihre Familien nachgeholt, ihre jüngeren Kinder sind bei uns geboren. Deutschland ist zum Einwanderungsland geworden und Kreuzberg zu einem Viertel verschiedener Kulturen. Na und? Waren doch auch Hugenotten, Schlesier und Pommern einmal Fremde in unserem Kiez. Warum sollte es in Berlin nicht wie in Paris, London oder New York italienische, griechische, kroatische oder arabische Straßenzüge geben?

Klein-Istanbul jedenfalls lebt, wenn die Hochbahn zum „Orient-Express" wird, der Mariannenplatz zur „Türkenwiese", das Maybachufer zum „Türkenmarkt". Und Kreuzberg lebt auch.

„Türkenmarkt", *Maybachufer*
Dienstag, Donnerstag und vor allem Freitag (12 – 18 Uhr).

Moscheen
Keine Prachtbauten aus Tausendundeiner Nacht mit Kuppeln und Minaretts, sondern meist ehem. Lagerräume oder umgebaute Wohnungen:
Dershane Camii, Eisenbahnstraße 16, HH., 3. Stock
Fatih Camii, Görlitzer Bahnhof
Mevlana Camii, Skalitzer Straße 135, 1. Stock
Türk Sehitlik Camii, Friedhofsmoschee am Columbiadamm

Türkischer Friedhof, *Columbiadamm*
Schon 1798 Anlage eines mohamedanischen Friedhofs am Südstern (heute: Carl v. Ossietzky-Gesamtoberschule); 1866 beim Kasernenbau für das Kaiser-Franz-Garde-Grenadierregiment Umbettung der Gebeine an den jetzigen Ort.
Perser, Pakistani, Afghanen, Tunesier und seit jüngster Zeit vor allem Türken liegen hier begraben – mit dem Kopf stets gen Mekka.
Friedhofsmoschee, frei stehende Säule mit goldenem Halbmond, deutsche und arabische Grabinschriften.

Türkenzentrum, *Schinkestraße 8 – 9, Tel. 691 10 28*
Deutsch-Türkische Abende zum besseren gegenseitigen Verständnis, Volkstanzgruppe, Volksmusik, Hochzeitsfeste.

163

Volkshaus, *Kottbusser Damm 74, Tel. 692 88 64*
Praktische Hilfen für Landsleute (Dolmetscher, Lohnsteuerkarte etc.), Fußballmannschaft, Arbeiterchor.

ATIF, *Gneisenaustraße 2 (Mehringhof), Tel. 692 73 32*
Türkischer Arbeiterverein. Kulturelle und politische Veranstaltungen.

Progressive Volkseinheit *(HDB), Oranienstraße 22*
Anhänger der Republikanischen Volkspartei (sozialdemokratisch) unter Bülent Ecevit.

Otur ve Yasa – Wohnen und Leben, *Wrangelstraße 49, Tel. 612 41 23*
Deutsch-Türkischer Nachbarschaftsladen mit finanzieller Senatsunterstützng. Mieterberatung, Rechtsberatung, Soziales, Deutschkurse für Türken, Türkischkurse für Deutsche.

TIO, *Lausitzer Straße 46, Tel. 612 20 50*
Treff und Informationsort für türkische Frauen. Deutschkurse, familiäre Beratung, Gesundheitsberatung, Rechtsberatung, Unterstützung bei Behördengängen, Arbeits- und Wohnungssuche.

Türkischer Mädchen- und Frauenladen, *Skalitzer Straße 50/51*
Nachmittägliche Betreuung von Kindern und Jugendlichen (Deutschkurse, Kunsthandwerk, Nähen, Kochen, Backen) durch Sozialarbeiter und Honorarkräfte.

Deutsch-Türkischer Kindertreff, *Friesenstraße 20*
Ein Projekt der Fachhochschule für Sozialarbeit mit dem Ziel, Vorurteile zwischen deutschen und türkischen Kindern abzubauen.
Basteln, Tischtennis, Schwimmen, Schularbeitshilfe.

Teestuben, Kaffeehäuser, Restaurants
Oranienstraße, Adalbertstraße und Umgebung (→ S. 215)

Live Musik, Bauchtanz *(am Wochenende)*
Erciyes-Restaurant, Oranienstraße 4, Tel. 612 51 89

Türkische Bücher *(auch in deutsch)*
Namik-Kemal-Bücherei, Mariannenplatz 2, Tel. 25 88 28 17
Kitap Buchhandlung, Naunynstraße 17, Tel. 614 91 61
Kultur Express, Kottbusser Damm 79, Tel. 693 20 64
Ararat Verlag, Bergmannstraße 99a, Tel. 693 50 80
● *Lesetip: Gültekin Emre, 300 Jahre Türken an der Spree.*
Ein vergessenes Kapitel Berliner Kulturgeschichte. Berlin 1983

Männerwelt – Frauenwelt

25.

Kahlschlagsanierung

Gitschiner Straße – Kottbusser Tor

„Totalen Abriß und Neubau werden wir nicht generell als den einzig möglichen und richtigen Weg anerkennen", erklärte Bausenator Schwedler 1963 bei der Verabschiedung des 1. Stadterneuerungsprogramms. Sechs Berliner Altbaugebiete, eines davon mit 16 000 Wohneinheiten in Kreuzberg, wurden zur Sanierung freigegeben. Alte Bausubstanz aus den Jahren 1870 – 1900: schmale Hinterhöfe, dunkle Wohnungen, Toiletten im Treppenhaus.
Begonnen wurde 1968 im Bereich Wassertorstraße / Bergfriedstraße; es folgten die Gitschiner Straße und 1972 das „Neue Kreuzberger Zentrum" am Kottbusser Tor. Schnell mußten die betroffenen Mieter erkennen, was mit dem behördlichen Begriff der „Flächensanierung" gemeint war. „Kahlschlagsanierung" sagten viele und trafen den Sachverhalt genau. Straßenweise hatten sie ihre Wohnungen zu verlassen: Über 80% der Häuser wurden abgerissen und durch vielgeschossige Neubauten ersetzt.
Als Sanierungsträger fungierten gemeinnützige (?) Wohnungsbaugesellschaften. Statt Modernisierung bevorzugten sie Neubau, wurden doch „Entmietungs"- und Abrißkosten gemäß Städtebauförderungsgesetz von der öffentlichen Hand übernommen. Auch private Kapitalanleger stiegen ein und nutzten die Steuervorteile des Berlin-Förderungsgesetzes. Hinzu gesellte sich das Interesse der Bauindustrie, ihren Maschinenpark und die Kapazitäten der Zulieferbetriebe auszulasten.

Und da stehen sie nun, die Dinosaurier aus Beton, 4 – 16 Stockwerke hoch. Die Wohnungen mit Zentralheizung, Bad und Balkon. Doch wird dieser Standard teuer erkauft, nicht allein durch die vervierfachte Miete.

Einige Nachteile kamen den Bewohnern erst auf den zweiten Blick zum Bewußtsein. Intakte Nachbarschaftsbeziehungen mit Anteilnahme und gegenseitiger Hilfeleistung, natürlich auch mit Klatsch und Tratsch, sind durch die Umsiedlung verloren gegangen. Im Hochhaus lebt es sich vereinzelter und anonymer – besonders wenn man den vertrauten Kiez verlassen und ins Märkische Viertel bzw. nach Gropiusstadt ziehen mußte.

Ein Kreuzberger Pfarrer: „Nicht wenige Menschen, zumal ältere, haben diese Gewalt einer verfehlten Sanierungspolitik mit ihrem Leben bezahlen müssen. Sie starben einsam, nachdem sie in Bezirke umziehen mußten, wo sie niemand kannten, wo sich niemand um sie kümmerte. Auf dem Totenschein stand lapidar: Herzversagen. Die Ursache war und ist aber diese unmenschliche Sanierungspolitik, die ihnen ihr Zuhause wegnahm, ihre Heimat."

Beheimatung in diesen Neubauten fällt schwer, bieten sie doch keinerlei Bezug zum historisch gewachsenen Stadtbild. „Mögliche Mehrarbeiten oder sogar Verzögerungen können und dürfen uns nicht hindern, der baugeschichtlichen Entwicklung unserer Stadt, die erkennbar bleiben muß, gerecht zu werden", hatte Bausenator Schwedler in seiner Rede gesagt. Entstanden sind graue Betonburgen, gesichtslos und geschichtslos, gelegentlich grell bemalt. „Buntes Gefängnis", lautet in der Gitschiner Straße der Kommentar eines nächtlichen Sprayers. „Schade, daß Beton nicht brennt."

Zurückhaltender hat es 1972 der Kirchenkreis Kreuzberg formuliert: „Sanierung zeigt sich hier nicht als Stadterneuerung, die den Menschen eine bessere Lebensqualität verschafft, sondern als Kapitalverwertungsprozeß für Baugesellschaften und Privatleute, als Auftragsfeld für die Bauindustrie, als ’Spielwiese‘ für die Stadtplaner und Architekten. Mit den Betroffenen wird nicht an der Ermittlung ihrer wahren Bedürfnisse gearbeitet. Statt Partner sind sie ein Faktor in der Planung."

Wassertorstraße / Bergfriedstraße
Erstes Sanierungsgebiet à la Kahlschlag: 1968 Abriß, 1973 Fertigstellung der Neubauten. Überraschungsmoment und schnelle Durchführung trugen dazu bei, daß Widerstand seitens der betroffenen Mieter ausblieb.

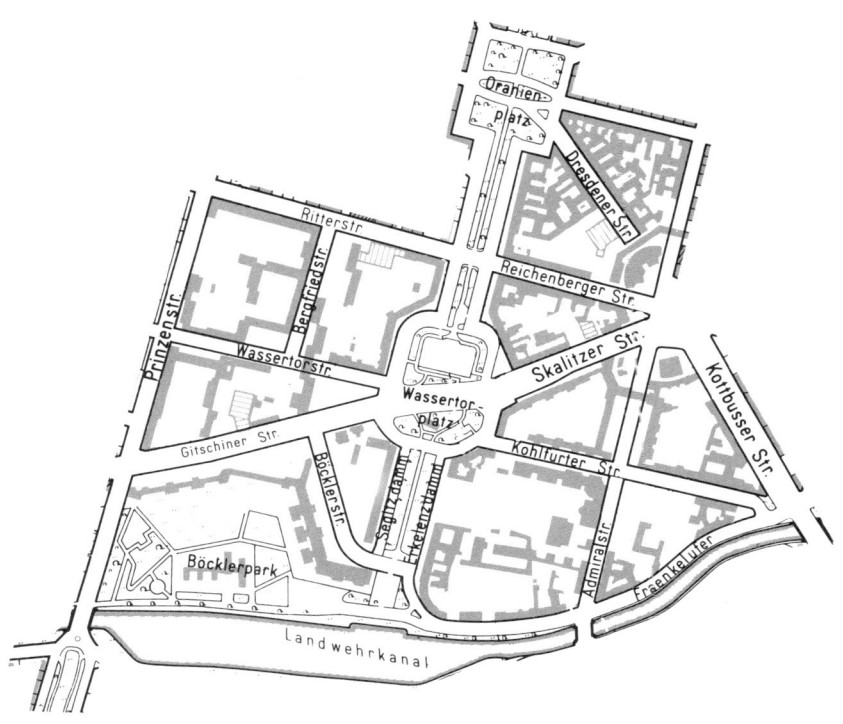

Besonders augenfällig: die Straßenüberbauung an der Wassertorstraße (8 – 15 Stockwerke hoch, Grundfarbe grau).

„Neues Kreuzberger Zentrum", *Kottbusser Tor*
Erbaut 1972 – 74, die Proteste der vertriebenen Altbaumieter wurden ignoriert.
Das Betongebirge des NKZ hat die Adalbertstraße überlagert und die Dresdener Straße zur Sackgasse gemacht.

Sanierungsgebiet Kreuzberg-Süd, *zwischen Hochbahn und Landwehrkanal*
Den Anfang machte die 7 – 12stöckige Wohnanlage an der Gitschiner Straße.
In der Admiralstraße, Kohlfurter Straße und am Fraenkelufer kam die Abrißplanung durch Mieterproteste ins Stocken. Teilweise Erhaltung der Altbausubstanz wurde den Betroffenen zugesagt, allerdings in Form kosten- und mietenaufwendiger Modernisierung.

Selbsthilfe-Modernisierung, *Erkelenzdamm 43 – 49*
Gläserne Türmchen, Terrassen, Erker, ein Wandelgang über den Dächern – eine phanta-

sievoll gestaltete Häusergruppe trotzt den Neubauten der Umgebung; mit eigener Energiequelle (Wärme-Kraft-Kopplung) im unterkellerten Innenhof. „Mitplanen, mitbauen, mitbesitzen", *ein eigens gegründeter Verein hat die Altbauten vor dem Abriß bewahrt und in Zusammenarbeit mit TU-Architekten modernisiert. Allerdings in Form von Eigentumswohnungen.*

In ihrer Hinterhofwerkstatt formt Berthe Heinrich – ausgestiegene Röntgenassistentin – tönerne Gefäße, Schmuck und Wandreliefs mit Kreuzberger Motiven.

Aus Leder arbeitet Ursula Fricke kunstvolle Gürtel, Taschen, Westen, Spiegelumrandungen mit plastischen Tier- und Pflanzenornamenten.

Selbsthilfe-Instandsetzung, *Oranienstraße*
In den Blöcken 103, 104 am Heinrichplatz betreibt der alternative Sanierungsträger Stattbau gemeinsam mit ehem. Hausbesetzern und im SuN-Verein (Selbsthilfe und Nachbarschaft e. V.) organisierten Bewohnern Stadterneuerung. Behutsam und mit einfachen Mitteln, unter Beteiligung aller Mieter an den zu treffenden Entscheidungen.
Auskünfte: Stattbau-Büro, Naunynstraße 68, Tel. 614 20 30

Mieterladen, *Dresdener Straße 12, Tel. 614 30 53*
Sanierungsinformationen, Mieterberatung: Gegen Abriß oder Luxusmodernisierung, für Instandsetzung der Altbauten zu tragbaren Mieten.

Die Backstube, *Wassertorstraße 2, Tel. 614 30 80*
Das achtköpfige Bäckerkollektiv bäckt nicht nur Vollkornbrot aus biologisch-organisch angebautem Getreide, gemahlen in eigener Steinmühle; es versteht seinen Laden auch als Infostelle für gesunde Ernährung und diverse Stadtteilaktivitäten.

Wassertorstraße, Wassertorplatz *(→ S. 60)*

Hochbahn *(→ S. 108)*

Landwehrkanal *(→ S. 63)*

Synagoge, *Fraenkelufer 48 – 50 (→ S. 68)*

▲ *Abriß, Mariannenstraße*
▼ *„Neues Kreuzberger Zentrum" (NKZ), Kottbusser Tor*

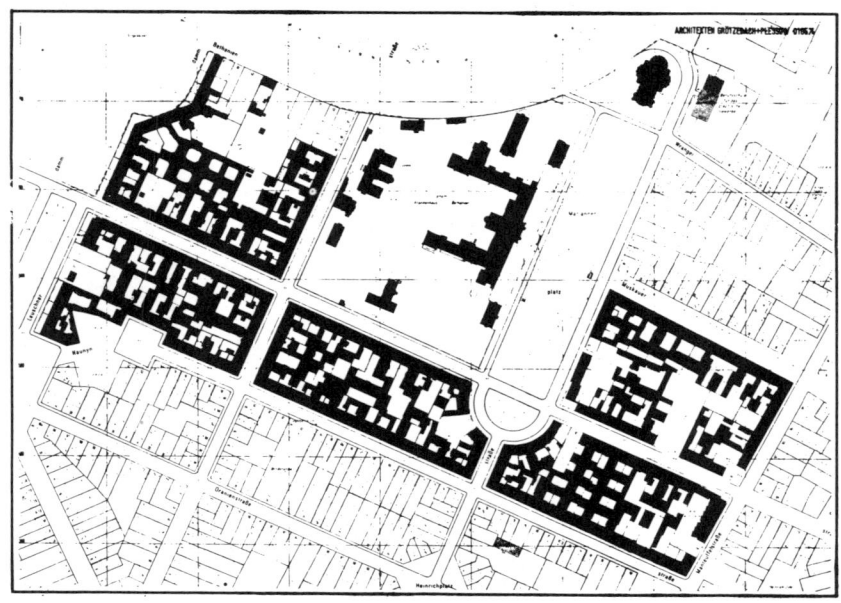

▲   *vorher*
▼   *nachher*

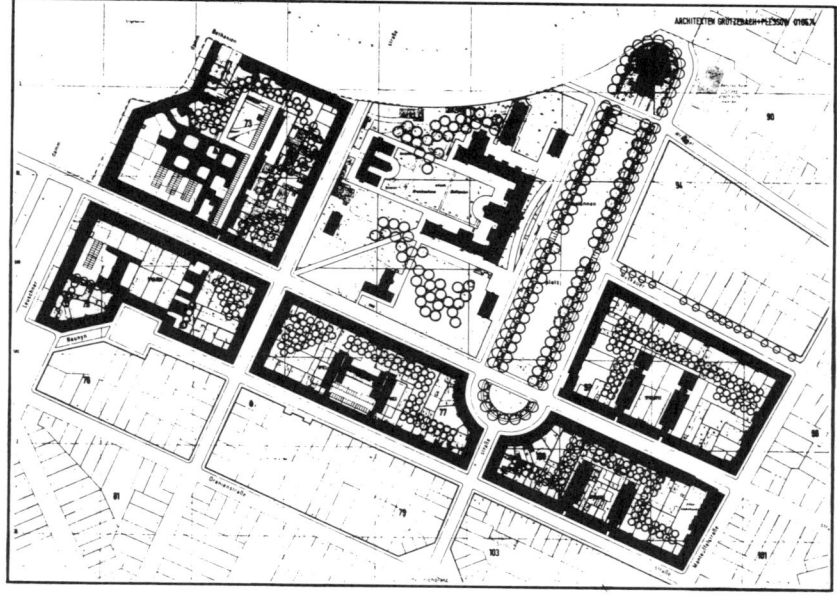

26.
Modernisierung/Entkernung

Mariannenplatz – Waldemarstraße – Naunynstraße

Das 2. Stadterneuerungsprogramm (1974) versuchte, der wachsenden Kritik an der bisherigen Kahlschlagsanierung entgegenzukommen. Anstelle von Abriß und Neubau waren nun „Modernisierung" und „Entkernung" angesagt. Was die zur Straße liegenden Vorderhäuser anbetrifft, so sollte durch Kombination modernisierter Altbauten und einzelner Neubauten, unter Einhaltung der bisherigen Baufluchten und Trauf-höhen, der Bezug zum historischen Stadtbild gewahrt bleiben. Für die Seiten- und Hinterhäuser galt das Abrißprinzip der Blockentkernung: Beseitigung der engen Hinterhöfe zugunsten grüner und lichter Frei-flächen.
Im Sanierungsgebiet Kreuzberg Nord am Mariannenplatz wurde der An-fang gemacht. Sehen wir am Beispiel des 1978 fertiggestellten Blocks 100 zwischen Waldemar-, Manteuffel-, Naunyn- und Adalbertstraße, was aus dem neuen Sanierungskonzept geworden ist.

Einen Kahlschlag zugunsten vielgeschossiger Wohnmaschinen à la Kott-busser Tor hat es hier nicht gegeben. Dennoch: Nur ein Drittel der Altbau-ten, vorwiegend am Mariannenplatz, ist stehengeblieben, die Fassaden sorgfältig restauriert. Neubauten beherrschen das Straßenbild, wenn auch der Versuch unternommen wurde, sie architektonisch einzupassen. Das ist nur teilweise gelungen. In ihrer Gleichförmigkeit – dem Auge fehlen die kleinen Abweichungen und Unregelmäßigkeiten – wirken sie langweilig und kühl. Neubausiedlungsatmosphäre.
Im entkernten Blockinnern erstrecken sich Grünanlagen mit Kinderspiel-plätzen. Gab es in den früheren Hinterhöfen zu wenig Raum, so ist es nun

173

eher zu viel geworden. Ein Gefühl der Leere macht sich breit, an dem auch die beiden in den Hof hineinragenden Quergebäude wenig ändern. Es mangelt an Geborgenheit, wie sie durch unübersichtliche Winkel und private Nutzungsbereiche (Gärten, Schuppen, Kaninchenställe) entstehen könnte. Die am Reißbrett entworfenen Anlagen haben sicher auf dem Papier gut ausgesehen, den Bewohnern lassen sie wenig Möglichkeiten zu eigener Gestaltung. Trotz Luft, Licht und Sonne: Vielen fällt es schwer, heimisch zu werden.

Ein Ärgernis sind die hohen Mieten; die neuen Annehmlichkeiten (Aufzug, Zentralheizung, Balkon) werden teuer bezahlt. An den Bewohnern bleiben die Modernisierungskosten letztlich hängen. Mehr noch: Die hohen Mieten werden bestehen bleiben, auch wenn sich die Investitionen der Eigentümer längst amortisiert haben.

Die Hauptverlierer der Entkernung sind die kleinen Gewerbetreibenden. Kein einziger Hinterhofbetrieb im Block 100 hat die Modernisierung überlebt. Wohnungsnahe Arbeitsplätze, meist in qualifiziertem Handwerk, gingen verloren und mit ihnen die „Kreuzberger Mischung" von Wohnen und Gewerbe, ein Stück herkömmlichen Kiezlebens.

Entkernung
Wer einen Blick in den entkernten Block 100 (zwischen Waldemar-, Manteuffel-, Naunyn- und Adalbertstraße) werfen will: Bei verschlossenen Zugängen empfiehlt es sich, zu klingeln und freundlich um Einlaß zu bitten.

Stattbau, *Naunynstraße 68, Tel. 614 20 30*
Ein alternativer Sanierungsträger, der Stadterneuerung auf ganz andere Weise betreibt. Selbsthilfe-Instandsetzung (→ S. 170).

Mariannenplatz
Im Sommer „Naherholungsgebiet" für das grünarme SO 36 mit Picknicks, rauschenden Stadtteilfesten, Kreuz- und Querberger Kulturmarkt, Freilichttheater. Am Südrand der Feuerwehrbrunnen von Kurt Mühlenhaupt (1981).

Künstlerhaus Bethanien, *Mariannenplatz 1 – 3, Tel. 614 80 10*
Druckwerkstätten und Ateliers, Ausstellungsräume, Theater, Lesungen, Konzerte; Kreuzberger Stadtteilarchiv, Namik-Kemal-Bücherei (türkisch).

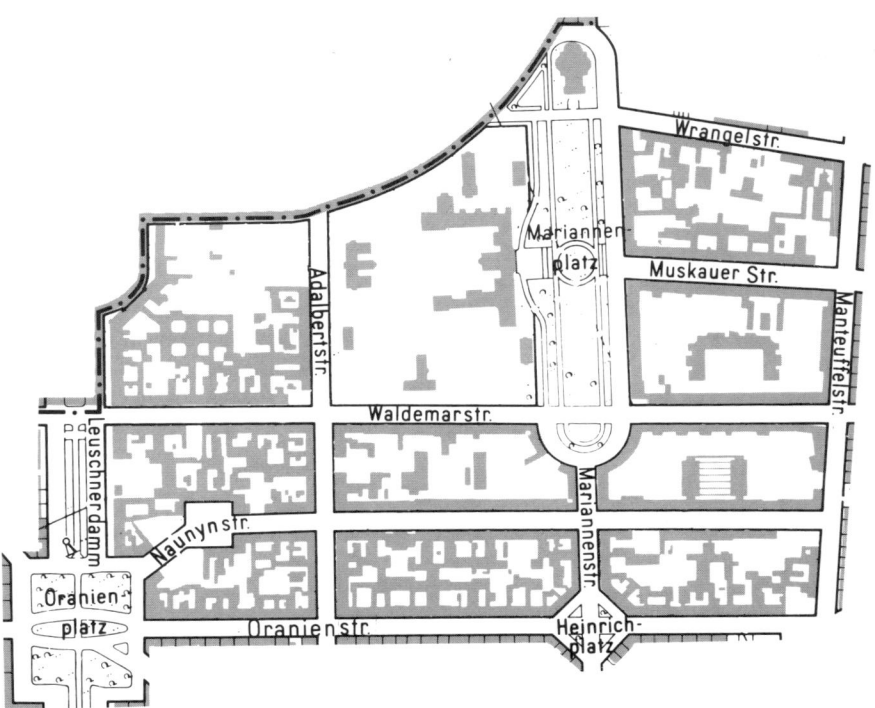

Ehemals ein Diakonissen-Krankenhaus, eröffnet 1847. Das Denkmal vor dem Haupt-portal erinnert an den Chirurgen Robert Wilms (1824 – 80).
Bekannter noch der 1848/49 hier angestellte junge Apotheker: Theodor Fontane (Gedenktafel). Das historische Apotheken-Mobiliar wird in den Räumen des Stadtteil-archivs aufbewahrt.

Georg v. Rauch-Haus, *Mariannenplatz 1 – 3 (seitlich von Bethanien)*
Das erste besetzte Haus in Berlin (1971); benannt nach Georg v. Rauch, der in jenem Jahr bei einer Fahndungsaktion nach Mitgliedern der „Bewegung 2. Juni" erschossen worden war.
40 – 60 Schüler, Lehrlinge, Arbeitslose leben in dem ehem. Schwesternheim in kollektiver Selbstverwaltung. Von Räumungsdrohungen unbeeindruckt („Hände weg vom Rauch-Haus, sonst geht im Rathaus Rauch auf"), haben sie in zähen Verhandlungen einen Nut-zungsvertrag errungen.

St. Thomas-Kirche, *Mariannenplatz*
1864-69 in frühromanischer Form erbaut. Auffallend die zwei stumpfen Portaltürme, von Engeln gekrönt, sowie der runde Kuppelturm über der Vierung im hinteren Kirchenteil.

175

Werkstatt Manfred Beelke, *Mariannenplatz 23, Tel. 618 44 74*
Ein Zentrum proletarischer Kunst. Nach dem Konzept „nur eigene schöpferische Arbeit verändert den Menschen" arbeiten hier Werktätige an einer eigenen Kultur, Gegenstück zur herrschenden bürgerlichen Kultur.
„Kultur in unserem Sinn hat nicht zum Ziel, die Welt zu verschönern, sondern zu verändern."

Dreigroschengalerie, *Mariannenplatz 23, Tel. 611 57 33*
„ . . . und da wir eine Kunst ausstellen, so kostbar und von Lohnabhängigen gemacht, und weil unsere Kunst so billig sein muß, daß sie von allen Werktätigen und den übrigen Bettlern der Gesellschaft als schön empfunden werden kann, und weil diese Kunst so unverwechselbar ist, daß nur Millionäre und Kunstsammler sie kaufen, heißt unser Kulturpalast Dreigroschengalerie."

Ehem. Döringsches Ballhaus, *Naunynstraße 27*
1863 erbaut, bis 1961 Tanzvergnügen, verfallender Lagerraum, 1977 beinahe wegsaniert, im letzten Moment zum Baudenkmal erklärt und sorgfältig restauriert.
Heute Kreuzberger Kulturzentrum (Theater, Konzerte, Lesungen – und gelegentlich auch wieder Schwof).

Heilehaus, *Waldemarstraße 36*
Kiezbezogenes Gesundheitszentrum in einem ursprünglich besetzten, inzwischen durch Mietvertrag legalisierten Haus: Ambulanzraum, Gymnastikraum, biologische Lebensmittelcoop, Cafe Schlüpber.
Aus einer Lerngruppe für Naturheilkunde hervorgegangen, legt es den Schwerpunkt seiner (kostenlosen) Beratungs- und Therapiearbeit auf die Stärkung der Abwehr- und Selbstheilungskräfte.

Kinderbauernhof, *Adalbertstraße (an der Mauer)*
Ein ehemals besetzter Platz brachliegenden Trümmergeländes, auf dem ein Kinderbauernhof mit Schweinen, Schafen, Ziegen und allerlei Federvieh entstanden ist. Die „Bauern" wollen Kreuzberger Kindern beweisen, daß Eier nicht aus dem Supermarkt, sondern von Hühnern stammen.

Graffiti, Graffiti
An der Mauer („Make love, not walls") zwischen Mariannenplatz und Leuschnerdamm („Türken rein") sind die Zeichen unserer Zeit („Keiner liebt mich") ablesbar („Lieber Dir selber treu als linientreu").

Block 100 – ohne Kern

ⓐLS WIR BILLIGE WOHNUNGEN SUCHTEN

liessen sie ganze
Häuser leerstehen

ALS WIR GEMEINSAM IM KIEZ LEBEN WOLLTEN

rissen sie ganze Blocks
nieder, bauten sie
Betonkästen dorthin,
verlangten sie
Wuchermieten

ⓐLS WIR DAGEGEN DEMONSTRIERTEN

ignorierten sie uns

ALS WIR HÄUSER BESETZTEN

sagten sie, wir
seien Kriminelle

ALS WIR DAMALS VERHANDELN WOLLTEN

drohten sie
mit Räumung

ALS WIR PROTESTIERTEN

schlugen sie uns ihre
Knüppel auf den Kopf,
sagen sie, wir
seien Terroristen

ALS WIR UNS WEHRTEN

räumten sie
denn von uns geht die
Gewalt aus, sagen sie
warfen sie Tränengas
denn von uns geht die
Gewalt aus, sagen sie
steckten sie uns
in den Knast
denn von uns geht die
Gewalt aus, sagen sie

**WIR GLAUBEN
IHNEN NICHTS
WIR WERDEN
DANACH HANDELN**

27.

Instandbesetzt

Cuvrystraße

Das Wort „Sanierung" hatte ursprünglich einen guten Klang, verhieß es doch überalterten Wohnverhältnissen „Gesundung". Inzwischen ist es vielen Kreuzbergern ein Synonym für Zerstörung geworden. Flächensanierung, aufwendige Modernisierung und Entkernung haben mehr Menschen aus ihren Wohnungen vertrieben als die Bomben des Krieges. Schon die Erklärung zum Sanierungsgebiet bedeutete den Niedergang. Für die Hauseigentümer war sie das Signal, ihrer gesetzlichen Instandhaltungspflicht nicht mehr nachzukommen. Undichte Dächer, gequollene Fensterrahmen, verstopfte Abwasserrohre, Treppenhausbeleuchtungen und Kachelöfen wurden nicht mehr repariert; von den Wänden blätterte der Putz.

Vergraulte Mieter wurden durch türkische Familien ersetzt, die froh waren, überhaupt eine (vorläufige) Bleibe gefunden zu haben. Oder die Wohnungen blieben in Erwartung der profitablen Sanierung einfach unvermietet. Bald waren es schon ganze Häuser, die leerstanden und verrotteten. Straßenzüge verslumten.

Menschen verloren ihre Wohnung und ihre vertraute Umgebung, weil Wohnungsbaugesellschaften, Hauseigentümer, Investoren und gutbezahlte Bürokraten zwar Sanierung sagten, aber Absahnierung meinten. Über Mieter wurde administrativ verfügt, um aus alten Häusern Geld zu machen.

Am 3. Februar 1979 war es soweit: Mitglieder der Bürgerinitiative SO 36 besetzten in der Görlitzer Straße 74 und Lübbener Straße 3 zwei leerstehende Wohnungen. „Instandbesetzung" – ein neues Wort und eine neue Aktionsform waren erfunden. Wenn die Eigentümer weiterhin ganze

Häuser leerstehen ließen, um sie dem endgültigen Verfall preiszugeben, so würde man in Zukunft selbst zugreifen und die Wohnungen wieder instandsetzen. Und so geschah es dann auch.

Der 12.12.1980 ist zu einem historischen Datum geworden. Als die Polizei am Fraenkelufer eine Besetzung durch Festnahmen verhindert, entlädt sich lang aufgestaute Wut. In den Straßen um das Kottbusser Tor werden Barrikaden errichtet und gegen die heranrückenden „Wannen" mit Steinen verteidigt. Die ganze Nacht bis in die frühen Morgenstunden dauern die Kämpfe an.

Pressekonferenzen, Interviews, aufgescheuchte Fernsehteams – auf einmal war sie in aller Munde, die Kreuzberger Häusersituation. Einer langen Barrikadennacht mit über 100 Verletzten hatte es anscheinend bedurft, um die Machenschaften privater Spekulanten und staatlicher Sanierungsbürokraten ins Licht der Öffentlichkeit zu rücken.

In den kommenden Wochen sollte sich die Besetzerbewegung in andere Stadtbezirke ausweiten und auf ihrem Höhepunkt im Sommer 1981 mehr als 150 Häuser umfassen.

In der Cuvrystraße (20, 23, 25) erfolgten die ersten Besetzungen am 6. November 1979. Just an jenem Tag, als die Bürgerinitiative SO 36 für ihre Kiezzeitung „Süd-Ost-Express" einen Kulturpreis verliehen bekam. Im Rahmen der Dankesrede wurde vor versammelter Presse und in Anwesenheit einiger Stadträte, auch der Herr Bausenator war zugegen, feierlich bekanntgegeben: „Mitglieder der BI und Mieter aus dem Block 133 haben vor zwei Stunden vier Wohnungen in der Cuvrystraße besetzt, um gegen die vom Senat gebilligten Pläne zu protestieren, dort mehrere Häuser und billige Gewerbeflächen abzureißen, nur damit einige Spekulanten ihr Ziel – Schaffung von Freiflächen für die Errichtung von gewinnträchtigem Neubau – erreichen."

Nach diesem Überraschungscoup ging in der Cuvrystraße die Besetzungswelle weiter und erreichte auch das „Kerngehäuse", eine abrißbedrohte Fabrik im Blockinnern. Die eigentliche Arbeit stand noch bevor, war es doch bei der angegriffenen Bausubstanz mit einfacher Renovierung nicht getan. Dächer mußten ausgebessert, Fensterrahmen abgedichtet, angefaulte Stützbalken ausgewechselt, Kachelöfen repariert, neue Abwasserrohre installiert, Elektroleitungen gelegt, Stromzähler angeschlossen werden. Und es fehlte an allem: an Handwerkern, Materialien und Geld. Spendenaufrufe für einen Selbsthilfefonds, Netzwerk (→S.195) stellte

Cuvrystraße 1981

50 000 DM zur Verfügung, sollten erste Abhilfe schaffen. Mit diesem Geld tätigte der „Bauhof" in der Manteuffelstraße 40/41 preisgünstige Großeinkäufe; auch lagerten gespendete Altmaterialien dort zur Abholung. Im „Walde"-Mieterladen, Waldemarstraße 29, wurde eine Handwerkerkartei geführt. Es ging um handwerklich Befähigte, die bereit waren, kostenlos oder für wenig Geld in besetzten Häusern zu helfen bzw. ihr fachliches Können an andere weiterzugeben.

Neben den Instandsetzungsarbeiten lief die Information der Öffentlichkeit. Bei Kaffee und Kuchen setzte man sich mit den teils skeptischen Nachbarn zusammen, ein sommerliches Straßenfest sorgte für gute Stimmung. Der „Cuvry-Bote" informierte in deutsch und türkisch über Sanierungsalternativen: Statt Abriß oder Luxusmodernisierung einfache Instandsetzung, soweit wie möglich in Selbsthilfe; und staatliche Gelder

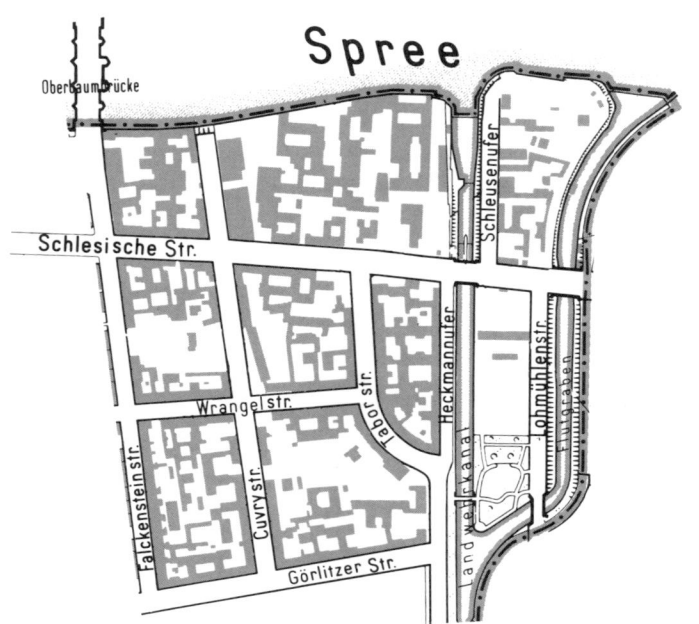

nicht an Eigentümer und Wohnungsbaugesellschaften, sondern an die modernisierenden Mieter.

10. Mai 1981 Neuwahlen. Die CDU gewinnt die Mehrheit und beginnt nach kurzer Schamfrist mit polizeilichen Räumungen. Doch ist es nicht gelungen, die Instandbesetzungen ungeschehen zu machen. Teile der Öffentlichkeit sind inzwischen gegen Spekulation und Kaputtsanierung sensibilisiert, und einige Dutzend besetzte Häuser konnten durch Verträge legalisiert werden. So auch das Kerngehäuse in der Cuvrystraße.

Kerngehäuse, *Cuvrystraße 20 – 23, Tel. 612 63 37*
Wohnen und arbeiten, Handwerk und Kultur – ca. 150 ehem. Instandbesetzer praktizieren in diesem früheren Fabrikgebäude die „Kreuzberger Mischung".
Selbstverwaltete Betriebe: Hoftischlerei, Holzwerkstatt „Holzköpfe", Schlosserei „Krähenfüße", Frauenmetallwerkstatt, „Albdruck"-Druckerei, Architekturbüro „Durchbruch", Taxikollektive.

Die Lebensmittelcoop schafft Essen ran, die Rockband „Schlaflose Nächte" sorgt für Musik, und „Die drei Fuzzis" machen Theater.
Atem- und Massagegruppen haben ihre Gesundheit in die eigenen Hände genommen.
Und wenn mal Verständigungsschwierigkeiten auftreten, hilft die Sprachenschule „Babylonia" weiter.

Verein SO 36, *Wrangelstraße 40 (→S.92)*

Nachbarschaftsladen „Wohnen und Leben", *Wrangelstraße 49 (→S.164)*

St. Marien, *Wrangelstraße 50/51*
„Liebfrauenkirche", „Mariendom". Im Stil einer romanischen Basilika errichtet (1904) mit zwei Portaltürmen und mächtiger Kuppel über der Vierung.

Tabor-Kirche, *Taborstraße 17*
1905 mit gotischen Stilelementen in die Straßenfront eingebaut. Die Turmspitze ist dem Krieg zum Opfer gefallen.

Tabor-Galerie, *Taborstraße 6*
Eine kleine Galerie von internationalem Rang. In ständiger Ausstellung präsentiert sie große Namen wie Jiri Altmann aus Prag. „Eine Adresse für Kenner".

Tonteufel, *Schlesische Straße 18, Tel. 618 34 66*
Sieben Keramiker/innen haben sich zu dieser Ladenwerkstatt zusammengeschlossen, um Steinzeuggeschirr, Raku-Kunstkeramik und teuflisch schöne Reliefs herzustellen.

Lohmühleninsel
Kreuzbergs einzige Insel, zwischen Landwehrkanal, Flutgraben und Spree gelegen. Ihr Name geht auf Gerbermeister Lutze zurück, der hier vor 200 Jahren in seinen Windmühlen Eichen- und Fichtenrinde (Lohe) zu Borkenmehl vermahlte. Als Zusatzstoff für die Lederverarbeitung.
Im Flutgraben an der Ober-Freiarchenbrücke betreibt das Großhandelsunternehmen Hoffmeister Lebendfischlagerung. Lebende Süßwasserfische, in Tanklastwagen aus Schweden, Polen, DDR und Tschechoslowakei importiert, werden von hier aus an den Einzelhandel weitergeleitet.
An der alten Ausfallstraße, Vor dem Schlesischen Tor 3, liegt ein ehem. Steuerhaus. Als Berlin durch Eingemeindungen erweitert wurde, erhob man die Mahl- und Schlachtsteuer nicht mehr an den Stadttoren (→S.38), sondern weiter auswärts in eigens zu diesem Zweck errichteten Steuerhäusern (1861). Nur eines ist erhalten geblieben. Nach Aufhebung der Steuer (1875) diente es als Hebestelle für die Landwehrkanal-Gebühren. Heute Privatwohnungen.

28.

Ein Dorf wächst aus den Hinterhöfen

Paul-Lincke-Ufer

1227 Menschen wohnen im Häuserblock zwischen Reichenberger-, Mariannen-, Manteuffelstraße und Paul-Lincke-Ufer. Dazu 74 Gewerbetreibende, in der Mehrzahl auf den Hinterhöfen: Bäckerei, Tischlerei, Glaserei, Spinnerei, Druckerei, Friseur, Waschsalon, Arztpraxis, Ingenieurbüro.

Ganz normale Kreuzberger Mischung könnte man sagen, wenn da nicht noch 135 Hühner, 42 Enten, 79 Kaninchen, 8 Bienenvölker und im Blockteich ungezählte Karpfen wären. Die Schweinehaltung wurde wegen zu starker Geruchsbelästigung wieder aufgegeben, stattdessen versucht es der betreffende Mieter nun mit zwei Schafen und einer Ziege. Zwar haben sich Nachbarn über das Meckern in der Mittagsstunde beklagt, konnten jedoch vorerst mit Schafskäse und frischer Ziegenmilch besänftigt werden.

Bewohner, die keine Tiere halten, betreiben meist Gartenbau. Möhren, Radieschen, Kopfsalat, Gurken, Bohnen und Kohlrabi kommen vom Hof frisch auf den Tisch. Die Ernte der Apfel- und Birnbäume wird für den Winter eingekellert. Während einige Mieter eher Zierpflanzen bevorzugen, haben andere Wildgärten angelegt und in Großstädten nahezu ausgestorbene Arten wie Frauenfarn, Riesenschwingel und Lerchensporn wieder neu angesiedelt.

Über die Fassaden ranken Efeu, Geißblatt und wilder Wein, an manchen Häusern schon vier Stockwerke hoch. Ausgespart bleiben nur die Fenster, vor denen in angemauerten Fenstergärten Tomaten, Zucchini und Kapuzinerkresse wachsen.

Mehrere Schrägdächer wurden auf der schattigen Nordseite mit Moos, auf der Südseite mit Heidekraut bepflanzt. In sonnenbeschienenen Dachgärten reifen Erdbeeren heran.
Nach Feierabend treffen sich die Nachbarn zum Plausch auf den Flachdächern oder stellen in der verkehrsberuhigten Mariannenstraße Stühle und Tische vor die Tür. Oder man setzt sich zum Angeln an den Strand des Landwehrkanals.

So oder ähnlich könnte es einmal aussehen, wenn die Entwürfe der Planungsgruppe „Oekotop" Wirklichkeit werden. Der Name ist zugleich Programm: In einem Ökotop bilden Mensch, Tier und Pflanze einen geschlossenen Lebenskreislauf. An diesem Grundprinzip orientiert sich ihre umfängliche „Systemstudie zur ökologischen Stadterneuerung für einen innerstädtischen Gebäudekomplex", die im Auftrag des Umweltbundesamtes erstellt worden ist. Beispielhaft entwirft sie für den Block 108 ein ökologisches Modell. Dazu gehören getrennte Gewerbe- und Hausmüllsammlung zwecks Recycling in der blockeigenen Station ebenso wie wärmedämmende Wandisolation, Solarfenster, dezentrale Wärme-Kraft-Kopplungen, eine Biogasanlage und ein gesondertes Regen- und Brauchwassernetz.

Die Reaktionen der Bewohner im Block 108 sind verschieden. Bei vielen besteht gegenüber Sanierungsplanungen ein grundsätzliches Mißtrauen. Nicht an kostspieliger Modernisierung ist man interessiert, sondern an einfacher Instandsetzung. Ökologische Gesichtspunkte dürfen keine Mieterhöhungen nach sich ziehen. Die in Aussicht gestellte Senkung der Mietnebenkosten durch teilweise Selbstversorgung bzw. Entsorgung (Energie, Wasser, Abfälle) hat einige aufhorchen lassen.
Die erste Reaktion der Gewerbetreibenden ist skeptisch bis ablehnend. Sie fürchten eine Erschwerung ihrer Betriebsmöglichkeiten. Dennoch haben einige an Abwärmenutzung und Abfallrecycling vorsichtiges Interesse geäußert, sofern finanziell durchkalkulierte Vorschläge auf dem Tisch liegen.
Ähnlich zurückhaltend auch die meisten Hauseigentümer, ohne deren Einwilligung kaum etwas geschehen kann. Nur keine zusätzliche Unruhe in die Häuser tragen und den Mietern ökologische Flöhe ins Ohr setzten; die Kosten bleiben dann womöglich am Hauswirt hängen. Eher als anonyme Hausverwaltungen sind Einzelbesitzer zu interessieren, die mit

ihren Mietern unter demselben Dach wohnen. Immerhin haben sich drei oder vier nach öffentlichen Finanzierungsbeihilfen erkundigt, als ökologischer Modellversuch.

Fest steht, daß ökologische Stadterneuerung nicht auf dem Verwaltungswege verordnet werden kann. Die Betroffenen in den Häusern müssen die Veränderungen wollen und auch selbst tragen. Wer sonst sollte die Tiere füttern, die Pflanzen bewässern, die Dachgärten pflegen, die getrennte Müllsammlung durchführen?
Fest steht aber auch, daß es nicht ohne organisatorische und finanzielle Unterstützung durch den Bausenator geht, zumal die erforderlichen Investitionen deutlich über den Kosten konventioneller Sanierungspraxis liegen. An diesem Punkt hakt die Verwirklichung des Projekts, aber das muß nicht so bleiben, könnten doch die zusätzlichen Finanzaufwendungen in einem Zeitraum von 10 – 15 Jahren durch Energieeinsparung und Recycling / Altstoffverkauf wieder ausgeglichen werden.

Trotz aller Schwierigkeiten: Erste Ansätze sind verwirklicht. Am Paul-Lincke-Ufer blühen in den Vorgärten die Sonnenblumen, und wilder Wein rankt sich über zwei Gartenlokalen an der Hauswand hoch bis zum Dach. Auf einigen Hinterhöfen wachsen schon Bäume und Sträucher; eine Hauswartsfrau hat alte Autoreifen mit Erde gefüllt und Stiefmütterchen hineingepflanzt. In Blumenkästen vor ihren Fenstern ziehen türkische Familien leuchtend rote Tomaten.

Oekotop GmbH, *Paul-Lincke-Ufer 41*
Eine aus Architekten, Ingenieuren, Chemikern, Biologen, Betriebswirten und Soziologen bestehende Forschungs- und Planungsgruppe.
Der ökologisch erneuerte Block 108 kann im Modell besichtigt werden (Voranmeldung, Tel. 612 50 20).
Bei der Verwirklichung schon weiter (Dachgewächshaus, Grasdach, Hühnerstall, Biogasanlage) ist man in einigen ehemals besetzten Häusern: Görlitzer Straße 39, Naunynstraße 72 (Frauenstadtteilzentrum).

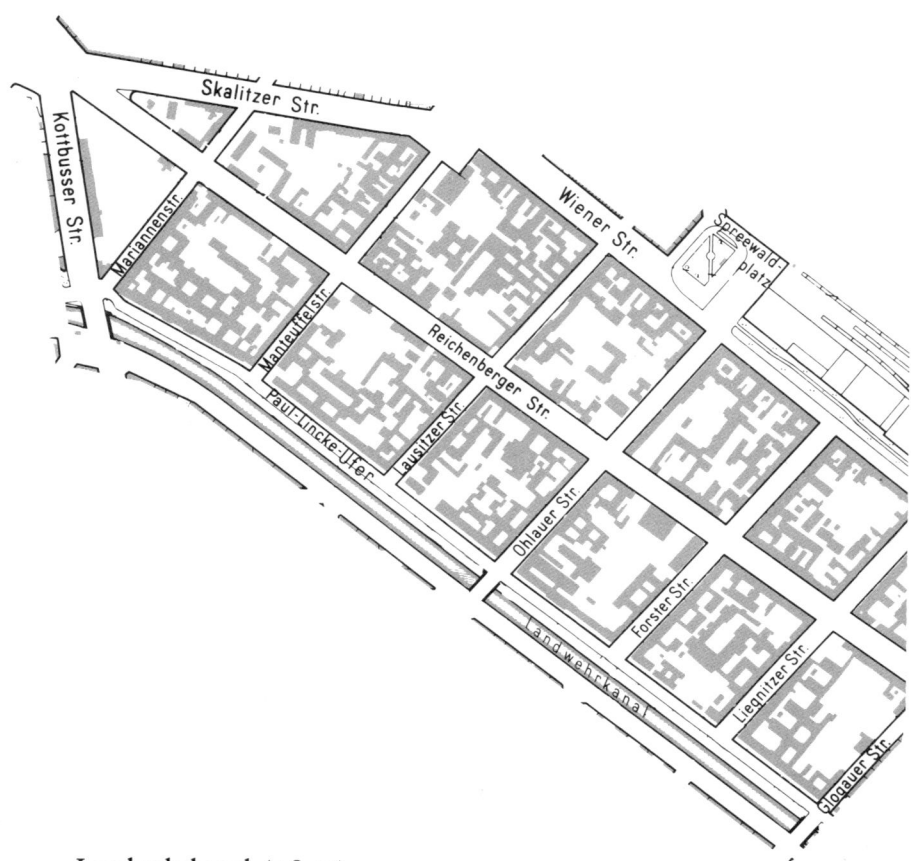

Landwehrkanal (→S. 63)

Paul-Lincke-Ufer
Benannt nach dem Kapellmeister und Komponisten Paul Lincke (→S. 31).
Die repräsentativen Jugendstilfassaden mit ihren Erkern und Loggien, Simsen und Balustraden folgen dem leicht geschwungenen Lauf des Landwehrkanals; dahinter große Gewerbehöfe.

Schiffsanlegestelle, *Kottbusser Brücke* (→S. 68)

Stadtteilzentrum, *Lausitzer Straße 8, Tel. 612 66 66*
Beratungsstelle und Treffpunkt.
Soziale Beratung, Rechtshilfe, ärztliche Untersuchung, Fahrradwerkstatt, Nähwerkstatt, Werkzeugverleih, Mutter-Kind-Gruppe, Seniorengruppe, Kaffeestube.

Regenbogenfabrik, *Lausitzer Straße 22*
Ist aus dem besetzten Hinterhofgebäude ein Kultur- und Nachbarschaftszentrum geworden mit Kindertagesstätte, Abenteuerspielplatz, Tischlerei, Regenbogenkino, Cafe, Theater?
Oder haben sich wieder einmal Spekulanteninteressen mit Räumung und Abriß durchgesetzt?

Atelier Holzkunst, *Reichenberger Straße 36, Tel. 618 36 00*
Joachim Philipp hat sich als Seemann, Kosakenreiter und Weltenwanderer schon durch viele Berufe geschlagen. In Kreuzberg seßhaft geworden, schnitzt er Masken, Tiere und Kerzenständer, drechselt kunstvolle Holzeinfassungen, restauriert Antiquitäten. Wer ihm in seiner Ladenwerkstatt bei der Arbeit zuschaut, kann auch schon mal eine Geschichte aus der großen, weiten Welt mit nach Hause nehmen.

Feministisches Frauengesundheitszentrum, *Liegnitzer Straße 5 (→S. 198)*

Martha-Kirche, *Glogauer Straße 22*
1904 im Stil deutscher Renaissance errichtet. Während das Pfarrhaus mit den beiden Rundtürmen an der Straßenseite liegt, befindet sich die eigentliche Kirche im Hinterhof. Frauencafe (→S. 199)

Görlitzer Bahnhof, *Spreewaldplatz*
1867 gemeinsam mit der Eisenbahnlinie nach Görlitz in Betrieb genommen. Kohlenzüge aus dem niederschlesischen und Lausitzer Revier versorgten das industriell aufstrebende Berlin, und an den Wochenenden drängten sich die Spreewald-Ausflügler.
Im Krieg stark beschädigt und durch die deutsche Teilung funktionslos gemacht, wurde der Bahnhof 1963 abgerissen.
Gewerbebetriebe und Fatih-Moschee haben sich provisorisch angesiedelt, außerdem der selbstverwaltete Kinderbauernhof (Wiener Straße), wo Jugendliche ackern, gärtnern, bauen und spielen können. „Die Esel sind die beliebtesten Tiere. Daß man nicht immer reiten kann, wissen die Kinder schon – also wollen sie arbeiten. Aber sie können auch nicht die ganze Zeit striegeln und Hufe putzen, sonst werden die Esel sauer, keilen aus oder laufen weg."

Leihhaus am Görlitzer Bahnhof, *Wiener Straße 18*
Eine traditionsreiche Einrichtung aus Zille's Zeiten, gegründet 1875, wo schon Generationen von finanzbedürftigen Kreuzbergern ihre Habseligkeiten zu Geld gemacht haben.

Anders arbeiten – anders leben, Gneisenaustraße

29.
Was heißt hier alternativ

Mehringhof

„Ein Haus, bei dem keine Vermieter mehr hereinreden können, kein
Hausbesitzer mit Kündigungsdrohung politische Zurückhaltung er-
zwingt, kein Spekulant aus Abbruchbuden Wuchermieten zieht, die wir
noch dazu für ihn renovieren. Sondern wo alles, was wir hineinstecken an
Zeit, Arbeit und Gefühlen, wir für unsere Ziele, für unseren Zusammen-
hang tun. Ein Zentrum von Projekten mit verschiedenartigen Aktivitäten
und unterschiedlichen Zusammensetzungen; eine Mischung von viel-
fältigen Eigenschaften, Fähigkeiten und Bedürfnissen, die sich aneinander
entfalten, die Ideen und Phantasien freisetzen, die Mut machen, selber
etwas zu tun. Ein Projektzentrum, wo man hingeht, wenn man Informationen braucht, wo Arbeitsgruppen tagen, wo man Beratung in Anspruch
nehmen kann; wo man aber auch Freunde beim Bier trifft und seinen Spaß
hat bei den vielen Veranstaltungen und Projektangeboten. Wo man nicht
Kopf ist, aber auch nicht nur Bauch. Alles selbstorganisiert, selbstver-
waltet, ohne Profitinteresse einzelner, ohne strikte Arbeitsteilung von
Kopf und Hand."
So beschreiben die Initiatoren des Mehringhofs ihren Traum, der am
Anfang stand.
Netzwerk Selbsthilfe, Gesundheitsladen, Stattbuch, Schule für Erwachse-
nenbildung, Mixed Media Studio, Verlag Ästhetik und Kommunikation,
Kneipenkollektiv Spectrum – sieben Alternativprojekte legten 1979 ihr
Bargeld zusammen, liehen noch reichlich hinzu und gründeten die
Mehringhof-Grundstücksverwaltungs-GmbH: zum Erwerb eines ehe-
maligen Fabrikgebäudes. Die Transaktion gelang, und man war stolzer
Besitzer der alten Schriftgießerei Berthold geworden. Ein fünfstöckiges
Hauptgebäude, zwei Innenhöfe, zwei Quergebäude, insgesamt 5300 qm
Nutzfläche.

Gruppen, die in den Mehringhof einziehen wollten, gab es viele, wobei der inflationäre und teilweise kommerzialisierte Gebrauch des Wortes „alternativ" die Auswahl nicht leicht machte. Die Mehringhof-Initiatoren orientierten sich schließlich an den Förderungskriterien von Netzwerk Selbsthilfe. Demnach muß ein Alternativprojekt, das seinen Namen verdient, folgende Qualitäten aufweisen:
- Selbstverwaltung, demokratische Entscheidungsstruktur, keine Betriebshierarchie
- Gemeineigentum an den Produktionsmitteln, gleiche Bezahlung pro Arbeits- und Zeiteinheit, keine privaten Profite
- Alternative Arbeitsformen (Abbau der Trennung von Hand- und Kopfarbeit wie auch der geschlechtsspezifischen Arbeitsteilung)
- Kooperationsbereitschaft mit gleichgerichteten Projekten
- Personelle Kontinuität, organisatorische Funktionsfähigkeit
- Ökonomische Effektivität, wobei jedoch zu berücksichtigen ist, daß Projekte im politischen, pädagogischen, sozialtherapeutischen und künstlerischen Bereich Rentabilität nur in Ausnahmefällen erreichen können.

Alle im Mehringhof arbeitenden Gruppen, inzwischen mehr als 30, sind gleichberechtigt in einem gemeinnützigen Verein zusammengeschlossen. Aus der monatlichen Kostenmiete erfolgt die Abtragung von Darlehen und Hypotheken sowie die Rückzahlung der Gründerkapitalien.
In einem Zeitraum von 15 – 18 Jahren sollen die Gesellschafteranteile der Grundstücksverwaltungs-GmbH schrittweise in Vereinsbesitz übergehen. Auf diese Weise wird das ursprünglich eingebrachte Kapital neutralisiert, Privateigentum an Grundstück und Gebäuden abgeschafft. Der Mehringhof wird allen gehören, die in ihm leben und arbeiten. Und zugleich wird er niemand gehören; denn scheidet ein Projekt aus, behält es keinerlei Besitzanteile.

M E H R I N G H O F, *Gneisenaustraße 2, Tel. 691 80 21*
Die Namensschilder am Eingangstor geben einen ersten Überblick über die hier angesiedelten Gruppen und Projekte:

Fahrradwerkstatt, *1. Hof / Souterrain, Tel. 691 60 27*
Fahrrad-Recycling: Alte Fahrräder, mit gebrauchten Ersatzteilen repariert, werden wieder so gut wie neu.

Wuseltronik, *Aufgang 2 / 5. Stock, Tel. 691 30 55*
Ein Ingenieurkollektiv, das nicht nur forscht (Windkraft) und produziert (meßelektronische Geräte), sondern auch die gesellschaftlichen Konsequenzen von Technik bedenkt. So sind z. B. elektronische Überwachungsanlagen bei ihnen nicht zu beziehen.

Kinderschuppen, *1. Hof / Parterre, Tel. 692 15 38*
Eltern haben sich einen Schuppen zur Kindertagesstätte ausgebaut.

Freie Schule, *Aufgang 4 / 2. Stock, Tel. 691 10 71*
„Wir haben die Erfahrung gemacht, daß sich Kinder auch ohne Druck Lesen, Rechnen, Schreiben und noch viel mehr aneignen können."

Schule für Erwachsenenbildung, *Aufgang 3 / 3. Stock, Tel. 693 70 48*
Eine selbstverwaltete Institution des Zweiten Bildungsweges, wo Lehrer und Schüler gleichberechtigt miteinander arbeiten und gemeinsam über Lernformen und Lerninhalte bestimmen.

Ökotopia, *Aufgang 3 / 5. Stock, Tel. 691 30 64*
Kaufmännische Lehrlingsausbildung, verbunden mit ökologischen und sozialen Inhalten.

Arbeitskreis Orientierungs- u. Bildungshilfe, *Aufgang 4 / 1. Stock, Tel. 693 40 38*
Betreuung erwachsener Analphabeten: Lese- und Schreibunterricht, Hilfe bei Behördengängen etc.

Lernbörse, *Aufgang 3 / 1. Stock, Tel. 693 30 78*
Vermittelt Kontakte zwischen Leuten, die etwas lernen wollen, und Leuten, die etwas lehren können.

Gesundheitsladen, *Aufgang 1, Tel. 693 20 90*
Eröffnet von Ärzten, Krankenschwestern, Pflegern, Heilpraktikern, Sozialarbeitern und

Studenten, die der gewöhnlichen Apparate- und Medikamentenmedizin kritisch gegenüberstehen.
Medizinische und rechtliche Auskünfte, Arbeitsgruppen, Patienten-Selbsthilfegruppen.

Club Behinderter und ihrer Freunde, *1. Hof / Souterrain, Tel. 693 70 31*
Treffpunkt von Behinderten und Nichtbehinderten für gemeinsame Unternehmungen mit dem Ziel, gegenseitige Unsicherheit, Ängste und Vorurteile abzubauen.
Ambulante Dienste e. V. vermittelt Helfer.

Freunde der Erde, *1. Hof / Souterrain, Tel. 692 87 79*
Friends of the Earth, Les amis de la terre, Amigos de la tierra – eine internationale Umweltschutzorganisation.
Die Berliner Gruppe betreibt eine Ökologie-Buchhandlung mit gemütlicher Leseecke zum Verweilen.

Wechselwirkung, *Aufgang 3 / 4. Stock, Tel. 691 20 32*
Eine Vierteljahreszeitschrift als Forum kritischer Ingenieure und Naturwissenschaftler. Themenschwerpunkte: Mikroelektronik, Datenverarbeitung, chemische Umweltzerstörung, Genmanipulation, Technologietransfer in die Dritte Welt. Es geht um die Zusammenhänge naturwissenschaftlich-technischer Entwicklungen und gesellschaftlicher Verhältnisse.

Transit Verlag, *Aufgang 3 / 4. Stock, Tel. 691 20 35*
Bücher über Industrie- und Sozialgeschichte, Alltagskultur, „unordentliche Bewegungen und vergessene Revolten".

Kirschkern Buchversand, *Aufgang 3 / 4. Stock, Tel. 691 60 90*
Versorgt Interessenten in buchhandlungsfernen deutschen Landen mit widerborstigem Lesestoff.

Zitronenpresse, *Aufgang 3 / 4. Stock (→S. 199)*

Graph Druckula, *Aufgang 2 / 4. Stock, Tel. 693 44 14*
Druckt Plakate, Flugblätter, Broschüren, Aufkleber.
„Jeder Tag ein neuer Vesuv."

Theaterei, *Aufgang 4 / Hochparterre, Tel. 693 37 91*
Ein Zusammenschluß mehrerer Theatergruppen („Fliegendes Theater", „Hans Wurst Nachfahren", „Pfifferling") mit Schwerpunkt: Kindertheater.

194

Film / Video Coop, *Aufgang 3 / 4. Stock, Tel. 693 20 67*
Dokumentarfilme: Geschichte – Arbeit – Alltag.

Regenbogen-Film, *Aufgang 3 / 5. Stock, Tel. 691 30 64*
Zeichentrickfilme zur Erklärung komplexer Zusammenhänge („Biogas – so geht das").

Pille Palle und die Ötterpötter
Eine Rockband, deren deutschen Texten das Publikum oft völlig verständnislos gegenübersteht.

Alternative Liste Kreuzberg, *Aufgang 4 / 1. Stock, Tel. 691 20 61*
Wer Anfragen bzw. Anträge in die Bezirksverordnetenversammlung einbringen oder BVV-Protokolle einsehen will, ist hier an der richtigen Adresse.

Ermittlungsausschuß, *Aufgang 1, Tel. 692 22 22*
Rechtshilfe für Hausbesetzer, Demonstranten und überhaupt alle, die aus politischen Gründen mit der Polizei in Konflikt gekommen sind.

ATIF, *2. Hof / Souterrain (→S. 164)*

FDCL, *Aufgang 3 / 5. Stock, Tel. 693 40 29*
Forschungs- und Dokumentationszentrum Chile – Lateinamerika.
Bibliothek, Zeitschriften- und Fotoarchiv.

Stattbuch, *Aufgang 1, Tel. 691 30 94*
Ein Wegweiser zu den Projekten, Initiativen und Organisationen des alternativen Berlin.

Steuerberatungsbüro, *Aufgang 2 / 1. Stock, Tel. 693 70 14*
Berät vorwiegend Alternativprojekte.

Netzwerk Selbsthilfe, *Aufgang 1, Tel. 691 30 72*
Eine „Bank" mit ca. 4000 beitragszahlenden Mitgliedern zur finanziellen Unterstützung politischer und alternativer Projekte.
Das Spektrum der Geförderten reicht von Jugendzentren und Ausbildungsprojekten über Frauenhäuser und Handwerkskollektive bis zu Bürgerinitiativen und Instandbesetzern.

FRAUENSELBSTHILFELADEN
im 13. mond

CAFE ... ORT U. ADRESSE:
HAGEL ... UBE MACHANDEL
☎ 78 ... ERSTR. 52 1/61
... 47
BERAT ... ZEIT:
MONTA ... NNERSTAG 17-19⁰⁰

prog ... m oktober 1983 - febr ... 1984

23. 1 ... information zur selbstuntersuch ...

30. 1 ... menstruation und scham - muß ... sein?

13. 1 ... menstruationsferien - ja bitte!

20. 1 ... ein schöner bauch entzückt auch ...
menstruationsübun ... und bauchtanz

27. 1 ... das lange bluten - das lange nic ... ten -
frau ... verhütung

11. 12 ... die seele der frau liegt in ihrem ... leib -
gedanken zu zysten, eierstocken ... dungen,
blasenentzündungen etc.

18. 12 ... vollmondfest - im cafe machande ... ginn 20⁰⁰

15. 1 ... ein schöner bauch... menstruation ... ngen und bauchtanz

22. ... mütter, töchter, menstruation ...

5. ... schicksal? gedanken zum kr ...

12. ... wunschkind? gedanken zur ... eibung

die ver ... ltungen finden - bis auf's vollmond ... - jeweils
um 1 ... m frauenzentrum, stresemannstr ... 1 bln 61 statt.
unsere ... ungsschwerpunkte sind:
monta ... schwangerengruppe - dienstags: ... uation, verhütung
sexual ... btreibung - mittwochs: krebs - ... stags: mütter, töchter

30.

Frauen – Selbsthilfe

„Frauen, erhebt euch – und die Welt erlebt euch", unter diesem Motto entstand 1968 der 'Aktionsrat zur Befreiung der Frau'. Die Genossen des Sozialistischen Deutschen Studentenbundes hatten sich schwergetan, ihre Ziele von Emanzipation zumindest privat in die Wirklichkeit umzusetzen. „Wir tippten ihre Reden, durften Flugblätter verteilen, Kaffee kochen, versuchten auf Versammlungen ihren theoretischen Höhenflügen zu folgen, stopften täglich die Pille in uns rein . . . ", erinnert sich eine SDS-Genossin.

Der Aktionsrat bildete thematische Arbeitsgruppen (Frauen und Sexualität, Geschichte der bürgerlichen Familie, Ursprung der Unterdrückung der Frau etc.), gründete die ersten Kinderläden und entwickelte sich zum Ausgangspunkt der autonomen Berliner Frauenbewegung. Autonom, das heißt unabhängig sein von männerbeherrschten Institutionen und Organisationen. Und es bedeutet: „Nicht einfach um Gleichberechtigung kämpfen; nicht um die Männerrechte auf Militär, Krieg, Ausbeutung, Umweltzerstörung, Konkurrenz und seelische Verkrüppelung; vielmehr um gänzlich neue Werte und Lebensformen."

1972 öffnete in der Hornstraße das erste Berliner Frauenzentrum seine Tore. Vor allem Frauen, die in Familie und Arbeitsalltag festsitzen, sollte es als Anlaufstelle dienen; um andere Frauen kennenzulernen und gemeinsam neue Möglichkeiten für sich zu entdecken. Die Beratungsstelle, zunächst nur Schwangerschafts- und Verhütungsberatung, später auch über Ehe-, Scheidungs- und Mietrechtsfragen, wurde längst nicht nur von Frauen aus der Studentenbewegung in Anspruch genommen. Die Kampagne gegen den § 218 dehnte das Spektrum der Beteiligten weiter aus und führte die autonomen Gruppen mit traditionellen Frauenverbänden zusammen.

Der Kampf um die beiden Frauenhäuser, „Courage", Sommeruni, die Frauenkonferenz 1977 und die Gründung des Landesfrauenrats 1979,

Frauen für den Frieden – das waren wichtige Etappen in der Entwicklung der Berliner Frauenbewegung.

Inzwischen ist eine eigenständige Frauenkultur entstanden mit einem Netz aus Frauenzentren, Beratungsstellen, Gesundheits- und Therapieprojekten, Cafes, Kneipen, Frauenbuchläden, Zeitschriften, Verlagen, Filmen etc. Und ein beträchtlicher Teil dieser Projekte hat sich in Kreuzberg niedergelassen.

Frauenzentrum, *Stresemannstraße 40, Tel. 251 09 12*
Beratung von Frauen für Frauen in Familien-, Scheidungs- und Unterhaltsfragen.
Arbeitsgruppe gegen frauenfeindliche Werbung.
Notruf für vergewaltigte Frauen.
Gruppe Offensives Altern.
Frauen für den Frieden.

Frauenstadtteilzentrum Schokofabrik, *Naunynstraße 72, Tel. 65 29 99*
Soziales: Rechtsberatung, Krisentelefon, Müttertreff mit Kinderbetreuung.
Gesundheit: Gymnastikraum, Massagekurse, Schwangerenberatung, Ernährung.
Handwerk: Reparaturkurse, Holzwerkstatt.
Kunst & Kultur („Schwarze Schokolade"): Musik, Stepptanz, Theater, Fotolabor.
Ökologie („Die Wüste lebt"): Hofbepflanzung, Dachgewächshaus, Recycling.
Ein Cafe (Lesungen, Filme, Feste, Flohmarkt) als Treffpunkt und Anlaufstelle.

Lesben-Treff und Information, *Hollmannstraße 19, Tel. 251 05 32*
Telefonberatung, Gesprächsgruppen, offene Abende.

Feministisches Frauengesundheitszentrum, *Liegnitzer Straße 5, Tel. 611 57 43*
Das ehemals besetzte „Hexenhaus" bietet Selbsthilfekurse und Beratung: Menstruation, Verhütung, Brustuntersuchung, Ernährung, alternative Heilmethoden.
Redaktionssitz der Zeitschrift „Clio".

Im 13. Mond, *Hagelberger Straße 52, Tel. 786 40 47*
Menstruations- und Verhütungsinformationen, Schwangerschaft, Abtreibung, Krebs, Mütter-Töchter-Verhältnis.

198

Straßenfest am Chamissoplatz

Lärm & Lust, *Oranienstraße 189*
Frauenmusikzentrum mit Konzerten, Übungsräumen, Tonstudio, Cafe.

Türkischer Mädchen- und Frauenladen, *Skalitzer Straße 50/51 (→S. 164)*

TIO, *Lausitzer Straße 46 (→S. 164)*

Frauencafe, *Glogauer Straße 22, Tel. 612 31 35*
Eingerichtet von der Martha-Kirchengemeinde: Mutter-Kind-Gruppe, Sozialhilfegruppe, Gymnastik, textiles Gestalten, Töpfern, Theater.

Zitronenpresse, *Gneisenaustraße 2, Tel. 692 15 99*
Frauenbuchverlag („Lila Nächte", „Frauen-Stattbuch").

199

31.

Maler, Dichter, Musikanten

Chamissoplatz

In den verschiedensten Berufen hat er sich schon versucht: als öliger Hafenarbeiter, als freundlicher Polizist, als geselliger Gastwirt, als rußiger Kohlenträger, als stämmiger Bootsmann, als lustiger Musikant, als fröhlicher Zecher, als frommer Bibelverkäufer, als Malergesell und Karussellbesitzer, als Drehorgelbauer und Filmkomparse.

„Für Fabrikarbeit war ich nicht geeignet. Da konnte man nicht mal zum Kackhaus gehen, ohne beobachtet zu werden. Als ich einmal von der Toilette kam, stand der Meister neben der Maschine und sagte: 'Komisch, immer wenn ich komme, sind sie scheißen!' 'Nee, das ist anders', habe ich gesagt, 'immer wenn ich scheißen bin, kommen Sie!' Bums, da hatte ich meine Papiere."

Nachts pflegte er mit einer befreundeten Ratte auf der Schulter durch die Kreuzberger Kneipen zu ziehen, saufend und singend, mit Mandoline und Quetschkommode. Und dabei hat er erzählt und erzählt – Geschichten waren immer seine große Leidenschaft – z. B. von jenem legendären Einbeinigen, der einem Polizisten in den Hintern trat, und das ganz ohne Krücken, was der Mann selbst aber strikt bestritt. Rosi, die Wirtin im „Leierkasten", war über den Wahrheitsgehalt seiner Geschichten immer ein bißchen im Zweifel, und so hat sie ihm eines Nachts, als er gerade Haarsträubendes von einer alten Spieluhr zum besten gab, den Namen „Märchen" angehängt. Seitdem heißt er Artur Märchen, sogar schon bei diversen Behörden.

Entstanden ist die Kreuzberger Künstlerszene damals Ende der 50er Jahre, als Günter Bruno Fuchs und Robert Wolfgang Schnell in der Oranienstraße 27 die „Zinke" aufmachten. Eine Hinterhofgalerie, in der auch gele-

sen und gebechert wurde. Ein junger Poet, der blechtrommelnd bald sehr bekannt werden sollte, trug hier seine Gedichte vor. Dann stellte auch Hertha Fiedlers „Kleine Weltlaterne" in der Kohlfurter Straße den Malern ihre Wände zur Verfügung, und Friedrich Schröder-Sonnenstern, um nur einen zu nennen, feierte bald seine ersten Erfolge. Kurt Mühlenhaupt, ein anderer Erfolgreicher der alten Garde, fing mit einem Trödelladen in der Blücherstraße an, um später den Leierkasten zu übernehmen.
Artur Märchen hat sich das eine Weile angesehen und dann selbst mit der Dichtkunst angefangen. Eine kleine Kostprobe zum Thema Standesunterschiede gefällig?

„Wer vorne trägt 'ne goldene Brosch',
hat hinten einen dreckigen Orsch.
Der Arme trägt ein Chemisette,
der kleine Prinz pullt nachts ins Bett.
Den Priestern und den Heilsarmeen, den mangelt's an Gemeinheit.
Die Dirnen an der Ecke gehn, es mangelt ihnen Reinheit.
Die Heiligen haben Heiligenscheine,
der Kohlenmann hat dreckige Beine."

Zum Malen ist Märchen, zugegeben, durch einen Rat von Wilhelm Busch gekommen („Schmeiß dich auf die Malerei, vielleicht verdienst du was dabei"). Zu Reichtümern hat er es nicht gebracht, wohl aber zu Formen und Farben so phantasievoll, wie die wundersamsten Geschichten. Seiner „Waschfrau" wächst aus der Nase ein dritter Arm, und sein Beitrag zum Dürer-Jahr trägt den Titel: „Der Hasenfänger von Hameln oder Die Ratte von Dürer".

Die Reihen der Kreuzberger Malerpoeten haben sich mit den Jahren gelichtet. Kurt Mühlenhaupt ist ins grüne Kladow ausgewandert, Günter Bruno Fuchs und Schröder-Sonnenstern sind gestorben. Auch den Leierkasten gibt es nicht mehr, aber dafür haben reichlich neue Kneipen aufgemacht.
Und neue Gesichter sind im Kiez aufgetaucht. Ossie Wiener aus Wien, Salomé und die „neuen Wilden" vom Moritzplatz, Frank Suplie, Aras Ören, Hanefi Yeter und viele mehr. Sie sind gekommen, weil es hier leben-

dig ist; und weil sich leerstehende Fabriketagen leicht in Ateliers verwandeln lassen.

Was Artur Märchen anbetrifft, so wohnt er noch immer in Kreuzberg, nur ein paar Schritte zum Landwehrkanal. Und noch immer findet man ihn in der Kleinen Weltlaterne, die jetzt Kreuzberger Weltlaterne heißt. „Diese kleine Kneipe ist mir eine große Liebe wert, auch jetzt, wo sie unter neuer Bewirtschaftung steht. Andere Menschen sind gekommen und haben mich verliebt gemacht, zum Beispiel die Hausbesetzer von gegenüber mit ihrem Hundchen. Jawohl, uns scheint die Sonne ins Bier, und manchmal tafeln wir im Freien wie die Saboroga-Kosaken. Menschen kommen, Menschen gehen, ich will sie erleben und nicht nur sehen. Ein guter Rat von mir: Mitempfinden, Schlips abbinden, Bierchen trinken, nach Hause hinken, unbenommen wiederkommen, nicht viel fragen, Wurzeln schlagen und sich vertragen."

Als er neulich nacht wieder einmal nach Hause gehinkt ist, hat er am Himmel eine Sternschnuppe gesehen. Da hat er sich schnell eine zweite gewünscht.

In den Straßen rund um den Chamissoplatz (→ S. 135) haben sich zahlreiche Künstler und Galerien angesiedelt. Und es werden immer mehr:

Galerie am Chamissoplatz, *Chamissoplatz 6, Tel. 692 53 81*
Bilder, Plakate, Bücher, Lesungen, Hörspiele, Konzerte. Ständig Grafik von Gertrude Degenhardt, Jürgen Görg, Horst Janssen.

Keramik-Werkstatt, *Chamissoplatz 6, Tel. 691 66 15*
Ana v. Keitz gibt ihre Kunstfertigkeit in Kursen an Kinder aus der Nachbarschaft weiter. „In meiner Werkstatt arbeite ich mit gebranntem Ton, in der Friedensinitiative Kreuzberg gegen eine verglühte Erde."

Hans-Wilhelm Kruse, *Chamissoplatz 5, Tel. 693 60 60*
Modellbau für Architektur, Bühnenbild, Ausstellungen. Herstellung von Theater- und Filmrequisiten. Vom Modellieren bis zum Tischlern, vom Goldschmieden bis zum Schlossern erledigt er auch Ungewöhnliches – mit der Phantasie eines Daniel Düsentrieb.

Bernd Markowsky, *Chamissoplatz 4*
Fotograf für Portraits, Theater, Reportagen. „Vertraute Fremde – das ist diese Stadt für mich. Ich bin gern unterwegs, nicht nur mit den Füßen."

Antal Lux, *Chamissoplatz 2, Voranmeldung, Tel. 692 76 26*
Benutzt vorhandene Zeichen für seine Bildgeschehnisse und verarbeitet gefundene Materialien (Säcke, Bretter, Kartons) zu Konzeptioneller Kunst.

Wolfgang Krolow, *Kopischstraße 3, Voranmeldung, Tel. 691 19 07*
Freischaffender Fotograf. Menschen, Stadtlandschaften, Szenen, wie sie ihm begegnen. Veröffentlichungen: „Kinder in Kreuzberg", „Instandbesetzer Bilderbuch", „Seiltänze", „Was fang ich an in dieser Stadt" (Klaus Hoffmann).
Er könnte sich aber auch vorstellen, einmal eine Weile in Italien zu leben, zu fotografieren oder vielleicht Aquarelle zu malen.

Ateliergemeinschaft 26, *Arndtstraße 26, Tel. 692 15 20*
Jürgen Rosemann malt Kreuzberger Stadtansichten. Dieter Bonness liebt es lyrisch-luftig.

Duo Liederlich, *Nostitzstraße 32*
Singt im Hinterhaus – manchmal auch auf Straßenfesten und in Kneipen – kratzige Lieder und Balladen: Von Geldsäcken und guten Bürgern, von Ratten und Rebellen, von Trinkern, Tramps und Träumern.

Old Mole Gallery, *Nostitzstraße 12, Tel. 692 94 18*
Eine Künstlergruppe, die zu ihrem Lebensunterhalt nicht nur Bilder verkauft, sondern auch Pigment, Ölfarben, Rahmen, Nessel und anderen Kunstmalbedarf.

Klaus Tonn, *Riemannstraße 15*
Stukkateur, Menschenfreund (!?), Geschichtenschreiber. „Wohlan + unverzagt, wenn auch die Zeit uns angenagt."

Drechsel-Werkstatt, *Solmstraße 29, Tel. 692 16 28*
Rolf Plume: „Vom Schubladenknopf bis zur frau/mannsdicken Säule, vom Stuhlbein bis zum Treppengeländer, ob aus Buche oder aus Ebenholz, wir drechseln nach guter, alter Handwerkskunst klassische Formen und neue Ideen. Wer konkrete Aufträge hat oder vage Vorstellungen oder nur mal zuschauen möchte, soll doch einfach vorbeikommen."

Kurt Neuburger, *Solmstraße 40*
Nach 80 Lebens- und Schriftstellerjahren schert er sich noch immer nicht um die Moden und Wellen des Literaturmarktes. „Der Wasserbüffel ließ sich nicht den Leitstrick durch die Nase ziehn", lautet der Titel einer neueren Veröffentlichung.

Elefanten Press Galerie, *Zossener Straße 32, Tel. 693 70 26*
„Politisch engagierte Leute für die Kunst interessieren und an der Kunst Interessierte politisch mobilisieren." In den Ausstellungen montageartige Verbindung von Malerei, Grafik, Plastiken, Fotografie und Alltagsgegenständen mit Dokumenten und Texten.

Galerie im Atelier, *Zossener Straße 7, Tel. 693 20 41*
Nepomuk Ullmann, Lyriker und Schriftsteller, vertritt in seiner Galerie 80 Künstler mit über 1000 Arbeiten. Kunstkenner, Käufer, Sehleute – alle sind willkommen.

Atelier Tollhaus, *Zossener Straße 5*
Lukas Bernstein fertigt Einzelschmuck nach eigenen Entwürfen. Er sägt seine Zeichnungen und Zeichen in Silber und Bronze und ist bei weitem nicht so brummig, wie er oft dreinschaut.

Werkstatt & Galerie, *Friesenstraße 6, Tel. 692 63 31*
Helmut Wonschick malt, zeichnet und zeigt zeitgenössische, untypische Bilder, z. B. Spielkarten . . .

Atelier / Edition ad absurdum, *Friesenstraße 25, Tel. 692 14 52*
Rolf A. Burkart malt Bilder, schreibt Gedichte, verlegt Bücher und ist sich doch nicht sicher, ob das alles einen Sinn hat. Trotzalledem. „Ich male, ich schreibe, um mir zu vergegenwärtigen, daß ich lebe."

Inge X. Husemann, *Mittenwalder Straße 6, Tel. 692 55 42*
„Licht und Schatten, eines ohne das andere undenkbar – in der Umwelt, in mir, in meinen Bildern."

Kultuhr, *Mittenwalder Straße 6, Tel. 691 35 98*
Norbert Tefelski's Literaturzeitschrift zeigt an, was bei weniger bekannten Autoren die Stunde geschlagen hat.

Internationales Circus Museum, *Jüterboger Straße 9, Tel. 691 71 21*
Kooperation der Artisten-, Circus- und Varieté-Archive.
In der Wohnung von Edgar Falkenberg finden wechselnde Ausstellungen (Plakate, Fotos, Figuren, Requisiten) zum Thema Circus statt. Und der Museumsdirektor steht für Auskünfte persönlich zur Verfügung.

Junges Theater, *Schwiebusser Straße 1, Tel. 692 87 35*
Emotionales, engagiertes Theater unter Leitung von Ingrid Kaehler.

Theaterei, *Gneisenaustraße 2 (→S. 194)*

Galerie / Atelier A 3, *Fürbringerstraße 18, Tel. 691 64 41*
Nicht nur bildende Kunst, auch Lesungen und Musik sind in den Räumen des Malers Charlie Hromatka zu Hause.

Spankammer, *Fürbringerstraße 17, Tel. 691 49 39*
Handgemachtes aus Glas, Holz und Metall.

Michael Sallmann, *Fürbringerstraße 11, Tel. 691 91 65*
Dichter, Geschichtenschreiber, Liedermacher.
„Mein Traum treibt fort als roter Luftballon. Ich schau ihm nach und lutsch' ein Bonbon. Der Wind wird kalt, ich knöpf die Jacke zu. Und hab ein Loch im Schuh."

▲ *Straßenmusik am Halleschen Tor*
▼ *Duo Liederlich, Samstagabend*

Kreuzberg lebt . . .

WER SICH NICHT WEH
LEBT VERKEHRT

32.
Freie Republik Kreuzberg

Es ist etwas herangewachsen in den Kreuzberger Hinterhöfen, eine seltsame Pflanze, weit verzweigt, mit Wurzeln tief im sumpfigen Untergrund. Und tausend Blüten hat sie schon getrieben: APO-Fahnen-rot, Öko-grün, Frauen-lila, rosa-schwul, braun wie türkischer Shit, schwarz wie das Leder der Streetfighter-Punks. Am alten Mauerwerk der Mietskasernen hat sie sich emporgerankt, selbst an den Betonwänden der neuen Wohnsilos („Schade, daß Beton nicht brennt"), und überall hat sie ihre bunten Spuren hinterlassen.

„Na, wie geht's uns denn heute?", fragt es von einer Hauswand in der Zossener Straße die eiligen Passanten. „Heute schon gelebt?"

„Sommer juchhe", jauchzt es in der baumarmen Naunynstraße, „liebe und lache."

„Guten Morgen, du Schöne", grüßt ein Verehrer mit weißer Farbe, und an den Yorckbrücken prangt der Wunsch: „Tausend Sonnenstrahlen für Erika."

Warum es gerade in Kreuzberg so viele Graffiti gibt? Vielleicht, weil hier so viele Mauern sind. Und Leute, die nicht einverstanden sind mit den Mauern und überhaupt; die ihren Zorn und ihre Lebenslust nicht für sich behalten wollen.

Doch Graffiti sind nicht für die Ewigkeit gemacht. Alte Sprüche bleichen aus, werden übermalt, neue kommen hinzu. Wandbilder ändern sich wie die Scene selbst.

Die Spuren von APO und Studentenrevolte („Amis raus aus Vietnam", „Enteignet Springer", „Alle Macht den Räten") hat der Zahn der Zeit zernagt.

Von den K-Gruppen der frühen 70er Jahre („Weg mit . . .", „Nieder mit . . .", „Hoch . . .") sind einige Parolen noch soeben sichtbar.

Es folgten Bürgerinitiativen und Öko-Freaks („Kein Kraftwerk in Ruhleben", „Gorleben soll leben"), die Frauenbewegung („Als Gott den Mann schuf, übte sie bloß", „Frauen, schlagt zurück"), Punks, Hausbesetzer, die Friedensbewegung („To be or Nato be", „Lieber Sonne als Reagan").

Sprayen ist, juristisch gesehen, Sachbeschädigung und wird entsprechend geahndet. Daraus ergeben sich wichtige Konsequenzen für die Arbeitsweise.

„Ihr habt die Macht, aber uns gehört die Nacht", lautet ein altes Sprayer-Motto. Auf Dunkelheit und Schnelligkeit kommt es an. Ein Spruch ist schnell gesprüht, aber bei aufwendigen Wandbildern wird der Zeitfaktor zum Problem.

Nächtliche Malaktionen wollen organisiert sein wie ein Bankraub. Da geht es um die richtigen Werkzeuge, ums Schmiere stehen, um Fluchtwege und vor allem um präzises Timing. Die Tatzeit wird reduziert durch strikt festgelegte Arbeitsteilung: Während jemand künstlerisch Begabtes mit Kreide das Motiv vorzeichnet, malen andere bereits die Flächen aus, wobei jeder für eine bestimmte Farbe zuständig ist.

Vorher hat man natürlich dem Wetterbericht gelauscht, um regnerische Überraschungen auszuschließen. Bleibt dann nur noch zu hoffen, daß nicht schon am nächsten Morgen eine Hauswartsfrau mit Eimer und Scheuerlappen oder ein Reinigungsunternehmen mit Sandstrahlgebläse die nächtlichen Bemühungen wieder zunichte machen.

„No Future" sehen die Punks für sich und die kaputte Welt: „Nehmt Abschied." Doch möchte man sich von den Kaputtmachern nicht sang- und klanglos verabschieden. „Feuer und Flamme für diesen Staat."

Die Instandbesetzer („Kein Abriß unter dieser Nummer") haben sich leerstehende Häuser genommen („Leerstand ist kein Zustand"). Ein Dach über dem Kopf und wichtiger noch: Freiräume für eine eigene Kultur. Der sinnlose Kreislauf aus sinnloser Arbeit und sinnlosem Konsum soll durchbrochen werden. Tagsüber Maschine oder Büro und abends vor der Glotze – wo ist da noch Leben im Leben.

Besetzte Häuser bieten Raum für selbstorganisierte Arbeitskollektive, in denen über Arbeitsweisen und Arbeitszeiten selbst entschieden werden kann. Außerdem: Wer in Wohngemeinschaften zusammenlebt und gemeinsam wirtschaftet, wer keine Wuchermieten zahlt und keine Spekulanten miternährt, der kommt mit weniger Einkommen aus – und mit entsprechend weniger Arbeit.

Stattdessen sind Zeit und Kraft da für alles, was kein Geld kostet und für Geld auch nicht zu haben ist. Zeit für Freunde und wilde Feste, für Konflikte und gemeinsame Action, Zeit für Musik, für Liebe, für sich selbst. Und natürlich für die Instandsetzung der verwahrlosten Häuser. „Hier wird renoviert, statt absa(h)niert", kann jeder lesen, der es noch nicht weiß. „Lieber instandbesetzen als kaputtbesitzen." Wenn es Gesetze gibt, die Leerstand und Zerstörung billigen Wohnraums zulassen, Besetzung aber verbieten, so liegt der Schluß nahe: „Legal, illegal, scheißegal." Und wenn eines Morgens die Polizei vor der Tür steht, und wenn die einen resignieren, andere in die Stadtguerilla abwandern wollen, dann heißt es: „Leute, bleibt heiter, der Häuserkampf geht weiter."

Narrenhände beschmieren Tisch und Wände, sagen die ordentlichen Bürger von Zehlendorf bis Hermsdorf. Und es stimmt: Die Narren unserer verrückten Zeit, die Outsider und Aussteiger, Berauschte und Besessene, Unangepaßte und Widerborstige, die Traumtänzer am Rande unserer Abgründe – sie alle sind hier in Kreuzberg zu Hause.
„Wer sich nicht wehrt, lebt verkehrt; nur tote Fische schwimmen immer mit dem Strom." Tausendfach haben sie ihre Ängste und ihren Zorn an die Wände geschrieben. „Paßt bloß auf", an die Adresse der Profitmacher und Technokraten. Wenn ihr so weitermacht mit eurem Wachstumsterror, mit Betonburgen und Stadtautobahnen, mit Atomkraftwerken und Atomraketen, dann geht alles kaputt. Der Wald, die Städte, alle. Aber paßt bloß auf, denn wir sind auch noch da; wir werden euch noch zum Tanz bitten.
„Seien wir realistisch, fordern wir das Unmögliche", auf daß die Hoffnungen und Sehnsüchte nie von den Wänden blättern mögen. „Keine Macht für niemand" – das ist der uralte Traum von einer herrschaftslosen Gesellschaft ohne Oben und Unten, Unterdrückung und Zwang, Macht und Ohnmacht. „Die Phantasie an die Macht."
Hier am Rande der bundesdeutschen DM-Gesellschaft, in ihren Nischen und Winkeln, auf subversiven Hinterhofinseln bauen sie, trotz alledem, an einer sanften und solidarischen Zukunft. Manchmal schon mutlos und müde und dem Aufgeben nahe. Und dann plötzlich fühlen sie sich wieder stark genug, den Himmel mit „Gefühl und Härte" ein Stückchen höher zu heben.
„Wir haben keine Chance, aber wir nutzen sie!"

Kreuzbergtips von A – Z

Alternativprojekte
● *Forum Kreuzberg, Eisenbahnstraße 21, Tel. 618 22 22*
● *Kerngehäuse, Cuvrystraße 20–23, Tel. 612 63 37*
● *Mehringhof, Gneisenaustraße 2, Tel. 691 80 21*
● *Und viele, viele mehr. Informationen im Stattbuch oder bei dessen Machern im Mehringhof (→ S.195).*

Bürgerinitiativen
● *BI SO 36, Sorauer Straße 28, Tel. 612 17 50*
● *Verein SO 36, Wrangelstraße 40, Tel. 612 60 30*
● *Mieterrat Chamissoplatz, Tel. 692 56 76*
● *Mieterladen, Manteuffelstraße 21, Tel. 618 45 80*
● *Mieterladen, Dresdener Straße 12, Tel. 614 30 53*

Eß-Kneipen
● Max & Moritz, Oranienstraße 162, Tel. 614 10 45
  Ein traditionsreiches Kreuzberger Gasthaus, in dem schon Heinrich Zille zeichnete und soff und das noch immer Alt-Berliner Hausmannskost bietet: Zum Beispiel Speckeierkuchen mit „Birne Helene" zum Nachtisch.

● Rote Harfe, Oranienstraße 13, Tel. 618 44 46
  Täglich wechselnde Stammessen. Neben Exotischem auch Deftig-Deutsches: Kohlroulade mit Salzkartoffeln.

● Jolanthe, Baerwaldstraße 52, Tel. 693 56 20
  Futtern wie bei Muttern: Geschmorter Schweinebraten mit Rotkohl und Semmelknödeln.

● Wirtschaft zum Hecker, *Wrangelstraße 43, Tel. 612 78 43*
Rolf, Freia und Sigurd aus dem Süddeutschen bieten in ihrer Wirtschaft Hausmannskost und Spezialitäten aus Baden, der Pfalz und dem Elsaß. Mit Fleisch und Wurst frisch von ländlichen Metzgereien aus der Heimat. „Zum gepflegte Schoppe bloose" gibt's gute, trockene Weine, vom Erzeuger abgefüllt. Also: „Lieber mehr esse, als wie zu wenig trinke."

● Kulisse, *Friesenstraße 14, Tel. 692 65 06*
Für schwäbische Gourmets mit dem nötigen Kleingeld: Schwabentopf – 3 kleine Schweinefilets auf hausgemachten Spätzle mit Champignonrahmsauce.

● Orpheus, *Katzbachstraße 17, Tel. 785 77 34*
Kleine Gerichte aus Topf und Pfanne. Wie wär's mit ½ Dutzend Weinbergschnecken in Kräuterbutter?

● Locus, *Marheinekeplatz 4, Tel. 691 56 37*
Ei und Schinken auf Steinofenbrot, Kräuterquark, Cafe au lait – so frühstückt es sich von 10–17 Uhr im Sonnenschein auf der Vorgartenterrasse. Und in lauen Nächten beim kühlen Pils zeigt sich der Kreuzberger Sommer von seiner besten Seite.

● April, *Lausitzer Platz 12, Tel. 612 45 05*
Vegetarische Küche, liebe Leute, good vibrations. Das Müsli-Frühstück hat es in sich: Hafer-, Roggen-, Gerste-, Weizenflocken, Leinsamen, Sesam, Sonnenblumenkerne, Haselnüsse, Buchweizen, Kokosflocken, Rosinen, Milch, Dickmilch, Obst, Honig; obendrauf Schlagsahne.

● Midgard, *Köpenicker Straße 174, Tel. 612 52 02*
Vegetarische Naturköstlichkeiten. Unser Tip: Pilzwiese – in Sahne abgelöschte Champignons mit Gomasiokartoffeln und Salat.

● Die Zeit der Kirschen, *Manteuffelstraße 96, Tel. 618 26 10*
Ein kleines Straßencafe vom Streuselkuchen bis zur Schwarzwälder Kirschtorte. Oder auch Vanilleeis mit heißen Feigen und grünem Pfeffer.

● Exil, *Paul-Lincke-Ufer 44a, Tel. 612 70 37*
Ossie Wiener aus Wien hat es vor Jahren ins Kreuzberger Exil verschlagen. In seinem Lokal am Landwehrkanal mit verwunschen überwuchertem Vorgarten bietet er gehobene österreichische Küche zu gehobenen deutschen Preisen. Wie wär's mit Drasenhofner Vögerln und Semmelauflauf? Als Dessert Topfenknöderln, mit frischen Datteln gefüllt.

214

● Osteria No. 1, *Kreuzbergstraße 71, Tel. 786 53 33*
Piero und Enzo aus der italienischen Linken haben sich in Berlin niedergelassen und betreiben mit Peter und Ilona die Osteria. Gute, italienische Importweine sind ihre Spezialität. Roter Chianti Classico, Raboso, weißer Tocai aus Frioli. Alla Salute! Dazu vielleicht Pasta al Pesto – Spaghetti mit genuesischer Sauce: Basilikum, Pinienkerne, Schafskäse, Olivenöl.

● Colosseum, *Gneisenaustraße 6, Tel. 693 11 62*
Italienische Speisen, reichlich und vorzüglich. Um nur die kolossale Salatplatte zu nennen: Insalata Colosseum – mit Schinken, Käse, Ei, Oliven, Peperoni, Gurken, Tomaten.

● Samira, *Oranienstraße 2a, Tel. 721 40 15*
Italienisch bis orientalisch. Pizza Samira – mit Tomaten, Käse, Muscheln, Salami, Champignons, Oliven, Paprika und Peperoni.

● Split-Grill, *Blücherplatz 2, Tel. 251 27 15*
Mate Pogaziz führt ein Spezialitätenrestaurant mit jugoslawischer und internationaler Küche. Besonders empfehlenswert: Csardas-Platte (für 2 Personen, und die haben eine Weile daran zu essen) – Pleskavica, Rumpsteak, Kotelett, Djuvetschreis, Pommes Frites, Gemüse, gemischter Salat. Danach am besten echten Badel-Sljivoviz.

● Taverna Pella, *Skalitzer Straße 94, Tel. 612 63 57*
Athanasios Gougousoudis hat im hinteren Kreuzberg eine griechische Eckkneipe aufgemacht, wie man sie auch in seinem Heimatort Pella finden würde. Ohne Wandsouvenirs und weiße Tischtücher, dafür gute und preiswerte Portionen: Knoblauchgesättigte Souzoukakia mit Oregano-Kartoffeln, Salat und Zaziki.

● Zorbas, *Zossener Straße 25, Tel. 691 94 34*
Ein kleines griechisches Restaurant, wo der Chef selber kocht (und auch ißt). Eines seiner Meisterwerke: Moussaka – Auberginen, Hack und Kartoffeln mit pikanter Creme überbacken. Dazu ein Glas dunkelroten Mavrodaphne.

● Öz-Samsun, *Adalbertstraße 12, Tel. 614 11 60*
Ein türkisches Restaurant, in Raum- und Preisgestaltung etwas gehoben. Empfehlenswert: Sis Kebab Yogurtlu – Hammelspieß mit Joghurt.

● Ömür Grill, *Oranienstraße 6, Tel. 618 72 12*
Einfache türkische Imbißstube mit guten, kleinen Gerichten: Lammleber vom Grill mit Reis und gemischtem Salat.

● Kanake, *Falckensteinstraße 46, Tel. 612 65 87*
Türkisch und gut: Karisik Dolma – Paprikaschoten, Zucchini, Weinblätter oder Tomaten mit Hack gefüllt. „Jeder hat 'ne Macke, jeder ist Kanake".

● Salomé, *Liegnitzer Straße 36*
Ezzat aus Alexandria und Bärbel aus der Eifel zaubern kleine ägyptische Speisen. Unbedingt probieren: Sabanech – Spinattorte mit Schafskäse überbacken, Salat, selbstgebackenes Fladenbrot. Dazu Sallep – ein Milchgetränk mit Zimt, Sesam, Kokos und Rosinen.

● Tung Fang, *Kottbusser Damm 32, Tel. 691 68 36*
Ein kleines, gemütliches China-Restaurant: Zau Wu Si – Schweinefleisch, Hühnerfleisch, Fensi, Morcheln, Bambussprossen.

● Mafalda, *Gneisenaustraße 8, Tel. 692 62 55*
Renato aus Argentinien und Pepe aus Peru betreiben ihr „Restaurante Latino" mit entsprechenden Spezialitäten: Tiburon Mar del Plata – Haifischfilet in Apfelwein. Zum Nachtisch Panqueque con dulce de leche – Argentinische Crepe mit Milchkaramel.

Frauen-Selbsthilfe
● *Frauenzentrum, Stresemannstraße 40, Tel. 251 09 12*
● *Frauengesundheitszentrum, Liegnitzer Straße 5, Tel. 611 57 43*
● *Im 13. Mond, Hagelberger Straße 52, Tel. 786 40 47*
● *Schokofabrik, Naunynstraße 72, Tel. 65 29 99*
● *Lärm & Lust, Oranienstraße 189*
● *Lesben-Beratung, Hollmannstraße 19, Tel. 251 05 32*
● *Frauencafe, Glogauer Straße 22, Tel. 612 31 35*

Galerien & Ateliers
● *Atelier ad absurdum, Friesenstraße 25, Tel. 692 14 52*
● *Galerie / Atelier A 3, Fürbringerstraße 18, Tel. 691 64 41*
● *Artefakt, Schleiermacherstraße 15, Tel. 691 92 11*
● *Atelier 26, Arndtstraße 26, Tel. 692 15 20*
● *Galerie im Atelier, Zossener Straße 7, Tel. 693 20 41*
● *Aufbau-Abbau, Oranienstraße 47a, Tel. 653 11 15*
● *Galerie am Chamissoplatz, Chamissoplatz 6, Tel. 692 53 81*

- *Dreigroschengalerie, Mariannenplatz 23, Tel. 611 57 33*
- *Galerie im Deutschlandhaus, Stresemannstraße 90, Tel. 261 10 46*
- *Discount, Kaufhaus für Kunst, Luckauer Straße 1, Tel. 65 44 27*
- *Elefanten Press, Zossener Straße 32, Tel. 693 70 26*
- *Endart, Oranienstraße 36, Tel. 465 22 41*
- *Eylau' 5, Eylauer Straße 5, Tel. 786 30 24*
- *Galerie-Garten, Tempelhofer Ufer 6, Tel. 251 67 30*
- *Kreuzberger Weltlaterne, Kohlfurter Straße 37, Tel. 614 91 51*
- *Kultur Express, Kottbusser Damm 79, Tel. 693 20 64*
- *Kleine Galerie am Kreuzberg, Dudenstraße 22, Tel. 786 51 86*
- *Galerie im Kutscherhaus, Tempelhofer Ufer 11*
- *Galerie Franz Mehring, Mehringplatz 7, Tel. 25 88 25 06*
- *Mora, Cafe/Galerie, Großbeerenstraße 57a, Tel. 785 02 69*
- *Nulpe, Galerie im Kaffeehaus, Yorckstraße 77*
- *Galerie Oberlicht, Wartenburgstraße 17, Tel. 785 93 83*
- *Pollstudio, Köpenicker Straße 194, Tel. 261 70 91*
- *Tabor Galerie, Taborstraße 6*
- *Unart, Oranienstraße 163, Tel. 614 20 70*
- *Werkstatt Manfred Beelke, Mariannenplatz 23, Tel. 618 44 74*
- *Werkstatt & Galerie, Friesenstraße 6, Tel. 692 63 31*

Gay & Happy
- *Allgemeine Homosexuelle Arbeitsgemeinschaft (AHA), Friedrichstraße 12, Tel. 251 25 41*
- *Beratungsstelle homosexueller Männer, Hollmannstraße 19, Tel. 251 05 31*
- *B/ANAL, Archiv für schwule Ästhetik, Graefestraße 18, Voranmeldung, Tel. 691 18 33*
- *Cafe Graefe, Graefestraße 18*
- *Cafe Lila, Katzbachstraße 12*

Kinos
- *Babylon, Dresdener Straße 126, Tel. 614 63 16*
- *Kinderkino, Görlitzer Straße 39, Tel. 612 43 82*
- *Kinomuseum, Großbeerenstraße 57*
- *Moviemento, Kottbusser Damm 22, Tel. 692 47 85*
- *New Yorck, Yorckstraße 86, Tel. 786 50 70*
- *Yorck, Yorckstraße 86, Tel. 786 50 70*

Klein-Istanbul

- *„Türkenmarkt"*, *Maybachufer*
  Dienstag, Donnerstag und vor allem Freitag (12 – 18 Uhr)
- *Moscheen:*
  Dershane Cami, Eisenbahnstraße 16, HH., 3. Stock
  Fatih Camii, Görlitzer Bahnhof
  Mevlana Camii, Skalitzer Straße 135, 1. Stock
  Türk Sehitlik Camii, Friedhofsmoschee am Columbiadamm
- *Türkischer Friedhof, Columbiadamm*
- *Türkische Bücher (auch in deutsch):*
  Namik-Kemal-Bücherei, Mariannenplatz 2, Tel. 25 88 28 17
  Ararat Verlag, Bergmannstraße 99a, Tel. 693 50 80
  Kitap Buchhandlung, Naunynstraße 17, Tel. 614 91 61
  Kultur Express, Kottbusser Damm 79, Tel. 693 20 64
- *Teestuben, Kaffeehäuser, Restaurants:*
  Oranienstraße, Adalbertstraße und Umgebung (→ S. 215)
- *Live Musik, Bauchtanz (am Wochenende):*
  Erciyes-Restaurant, Oranienstraße 4, Tel. 612 51 89

Kreuzberg-Literatur

- *Berlin-Kreuzberg, Baedeker, Freiburg 1977.*
- *Kreuzberger Lesebuch. Ältere Kreuzberger erzählen aus ihrem Leben. Berlin 1984.*
- *Johann Friedrich Bachmann, Die Luisenstadt. Versuch einer Geschichte derselben und ihrer Kirche. Berlin 1838.*
- *Gustav Fabian, Kreuzberger Straßennamen erzählen Geschichte. Berlin 1964.*
- *Frederik Hetmann, Zwei unter uns – Akbar Behkalam, Hanefi Yeter. Südwind über Berlin-Kreuzberg. Berlin 1984.*
- *Gerhardt Hoffmann, Kreuzberger Geschichten. Berlin 1980.*
- *Wolfgang Krolow, Seiltänze. Ein Fotobuch aus Kreuzberg. Berlin 1982.*
- *Kunstamt Kreuzberg u. a. (Hrsg.), Kreuzberg 1933. Ein Bezirk erinnert sich. Berlin 1983.*
- *Karl Nase, Rund um den Kreuzberg. Begegnung mit sieben Jahrhunderten. Leipzig 1937.*
- *Ilse Nicholas, Kreuzberger Impressionen. Berlin 1979.*
- *Paul Schaeffer, Vor dem Halleschen Tore. Aus Vergangenheit und Gegenwart der Tempelhofer Vorstadt. Leipzig 1913.*
- *Michael Schmidt, Berlin-Kreuzberg. Stadtbilder. Berlin 1984.*
- *Jens Schneider (Hrsg.), Jugend in Kreuzberg. Aufwachsen in einem bedrohten Stadtteil. Berlin 1984.*

218

● *Die älteren Buchtitel, im Handel längst vergriffen, können in der Berlin-Abteilung der Gedenkbibliothek, Blücherplatz, eingesehen werden.*
● *Historische Kreuzberg-Fotos: Kreuzberger Stadtteilarchiv, Mariannenplatz 2, Tel. 614 30 85*

Kunsthandwerk
● *Artesania, Großbeerenstraße 36, Tel. 785 58 39*
● *Atelier Tollhaus, Zossener Straße 5*
● *Drechsel-Werkstatt, Solmstraße 29, Tel. 692 16 28*
● *Forum Kreuzberg, Eisenbahnstraße 21, Tel. 618 22 22*
● *Holz kreativ, Böckhstraße 32, Tel. 692 42 32*
● *Joachim Philipp's Holzkunst, Reichenberger Straße 36, Tel. 618 36 00*
● *Keramik-Werkstatt, Chamissoplatz 6, Tel. 691 66 15*
● *Keramik-Werkstatt, Blücherstraße 60, Tel. 893 78 42*
● *Keramik-Werkstatt, Erkelenzdamm 43*
● *Keule, Oranienstraße 188, Tel. 614 78 29*
● *Klondike, Oranienstraße 6*
● *Kreuzberger Tonwerkstatt, Köpenicker Straße 145, Tel. 618 20 40*
● *Leder-Werkstatt, Erkelenzdamm 49, Tel. 614 38 15*
● *Machwerk-Grafik, Reichenberger Straße 133, Tel. 612 10 45*
● *Modellbau, Chamissoplatz 5, Tel. 693 60 60*
● *O—14, Oranienstraße 14*
● *Spankammer, Fürbringerstraße 17, Tel. 691 49 39*
● *Tonteufel, Schlesische Straße 18, Tel. 618 34 66*

Live Musik *(am Wochenende)*
● *Berlin-Mitte, Friesenstraße 23, Tel. 691 24 35*
● *Casaleon, Hasenheide 69, Tel. 691 90 11*
● *Erciyes, Oranienstraße 4, Tel. 612 51 89*
● *Golgatha, Viktoriapark, Tel. 785 24 53*
● *Kabaka Blues, Katzbachstraße 1, Tel. 785 79 54*
● *Kreuzberger Weltlaterne, Kohlfurter Straße 37, Tel. 614 91 51*
● *Lands End, Kochstraße 75, Tel. 251 31 56*
● *Locus, Marheinekeplatz 8, Tel. 691 56 37*
● *Lumpenpuppe, Maybachufer 8, Tel. 693 47 77*
● *Max & Moritz, Oranienstraße 162, Tel. 614 10 45*
● *Cafe Kaputt, Monumentenstraße 29, Tel. 786 50 76*
● *Orpheus, Katzbachstraße 17, Tel. 785 77 34*

- Rote Harfe, Oranienstraße 13, Tel. 618 44 46
- Sector, Hasenheide 13, Tel. 691 35 40
- Statthaus, Böcklerpark, Tel. 25 88 30 32
- Taverna, Dudenstraße 28, Tel. Tel. 785 55 89
- Tomatensauce, Reichenberger Straße 157, Tel. 612 23 03
- Villa Kreuzberg, Kreuzbergstraße 62, Tel. 25 88 25 80
- Wirtshaus Hasenheide, Hasenheide 19, Tel. 691 58 85
- Wohnzimmer, Wiener Straße 20, Tel. 618 62 67
- Yorckschlößchen, Yorckstraße 15, Tel. 785 17 70

Märkte
- Wochenmarkt Kreuzberg, Alexandrinen-/Ecke Ritterstraße
- „Türkenmarkt", Maybachufer
- Eisenbahn-Markthalle, Eisenbahnstraße 42/43
- Marheineke-Halle, Marheinekeplatz
- Second-Hand-Markt, Kreuzbergstraße 37/38, Tel. 786 10 09

Museen
- Berlin-Museum, Lindenstraße 14, Tel. 251 40 15
- Museum für Verkehr und Technik, Trebbiner Straße 9, Tel. 25 48 40
- Haus am Checkpoint Charlie, Friedrichstraße 44, Tel. 251 45 69
- Anti-Kriegs-Museum, Stresemannstraße 27, Tel. 402 86 91
- Internationales Circus Museum, Jüterboger Straße 9, Tel. 691 71 21
- Kinomuseum, Großbeerenstraße 57

Naturkost
- Backstube, Wassertorstraße 2, Tel. 614 30 80
- Himmel & Erde, Skalitzer Straße 46, Tel. 611 60 41
- Hoppeditz, Zossener Straße 2, Tel. 693 22 82
- Kraut & Rüben, Oranienstraße 15, Tel. 614 10 75
- Kreuzberger Brotgarten, Freiligrathstraße 12, Tel. 691 85 13
- Natürlich, Gneisenaustraße 16, Tel. 693 01 48
- Rapunzel, Hagelberger Straße 51, Tel. 786 40 40
- Sattva, Gneisenaustraße 65, Tel. 692 78 29

Schiffsfahrten
● *Im Sommer täglich von Kottbusser Brücke und Halleschem Tor zur Pfaueninsel und nach Tegel. Kreuzberg aus der Perspektive des Landwehrkanals. Reederei Riedel, Tel. 691 37 82*

Theater
● *Ballhaus, Naunynstraße 27, Tel. 25 88 25 06*
● *Der Rote Faden, Skalitzer Straße 51, Tel. 611 73 77*
● *Die Etage, Hasenheide 54, Tel. 691 20 95*
● *Don Quichote, Ohlauer Straße 30, Tel. 611 60 18*
● *Hebbel-Theater, Stresemannstraße 29, Tel. 251 04 45*
● *Junges Theater, Schwiebusser Straße 1, Tel. 692 87 35*
● *Kiezpalast, Cuvrystraße 20, Tel. 618 61 98*
● *Künstlerhaus Bethanien, Mariannenplatz 2, Tel. 614 80 10*
● *Mehringhof-Theater, Gneisenaustraße 2, Tel. 691 50 99*
● *Tanzfabrik, Möckernstraße 66, Tel. 786 58 61*
● *Theaterei, Mehringhof, Gneisenaustraße 2, Tel. 685 11 16*
● *Theater am Kreuzberg, Möckernstraße 66, Tel. 786 78 49*
● *Theatermanufaktur, Hallesches Ufer 32, Tel. 251 09 41*
● *TIK, Hasenheide 69, Tel. 691 90 11*
● *Transformtheater, Hasenheide 54, Tel. 611 60 16*
● *Unart, Oranienstraße 163, Tel. 614 20 70*
● *Villa Kreuzberg, Kreuzbergstraße 62, Tel. 25 88 25 80*
● *Weltbühne, Oranienstraße 163, Tel. 461 62 30*

Trödel / Second Hand / Antiquitäten
● *Oranienstraße, Bergmannstraße, Südstern und Umgebung.*

Zoo
● *Freigehege, Viktoriapark*
● *Kinderbauernhof, Adalbertstraße (an der Mauer)*
● *Kinderbauernhof, Wiener Straße (Görlitzer Bahnhof)*

Register

Frederik Hetmann, der durch Biographien über Che Guevara, Rosa Luxemburg, William Morris u. a. bekannt geworden ist, stellt in diesem Buch die beiden Kreuzberger Maler Akbar Behkalam und Hanefi Yeter vor. Mit der Darstellung ihrer Lebensläufe, ihrer künstlerischen Entwicklung, ihrer Auseinandersetzung mit ihren Kunsttraditionen und nicht zuletzt durch die Einbeziehung der politischen Situation in ihren Heimatländern und in Berlin führt Hetmann zu einem vertieften Verständnis des Werks dieser beiden Künstler, die in ihren Bildern auf eine sehr sensible Weise zentrale Probleme unserer Gegenwart aufgreifen.
Gleichzeitig berichtet dieses Buch viel über die Atmosphäre Kreuzbergs, jenes Berliner Stadtteils, in dem die beiden leben und arbeiten und der immer wieder Thema ihrer Bilder wird.

Frederik Hetmann
Zwei unter uns
Akbar Behkalam & Hanefi Yeter
– Südwind über Berlin-Kreuzberg –
160 Seiten und 16 Farbtafeln
Ararat Verlag